KB253853

불안정고용시대의 경력개발 유형과 심리적 특성에 관한 연구

불안정고용시대의 경력개발 유형과 심리적 특성에 관한 연구

양 진 영

한국학술정보㈜

책 머리에

IMF 이후 우리나라 고용환경은 유연화된 노동시장(flexible labor market)을 추구하면서 자유로운 해고가 가능하고 비정규직 형태의 고용과 경력자를 선호하게 되었다. 이는 조직이 개인의 경력개발을 더 이상 끝까지 책임질 수 없는 상황이 되었음을 의미하며, 경력개발의 문제는 개인이 처한 상황마다 시간의 흐름에 따라 계속해서 새로운 선택과 해결을 요구하는 문제가 되었다. 게다가 우리사회가 정보사회로 진입하면서 다양한 가치와 삶의 목적을 가진 사람들이 공존하게 되었고, 경력에 대한 가치와 믿음도 변화하고 다양해짐으로써 사람들이 이런 다양한 가치들을 어떻게 이해하고 정리할 것인지의 문제가 부각되었다. 따라서 본 연구는 한국사회에 존재하는 경력개발 가치와 믿음의 다원성을 이해하고 측정하고, 그와 결부된 문제에 적용할 수 있는 틀을 찾아내고자 하였다. 이를 위해 전체 연구는 두 단계로 진행되었다.

〈1차 연구〉에서는 사람들이 경력개발에 대해 갖고 있는 다양한 생각들이 어떤 유형들로 드러나는지를 알아보고자 했으며, Q 방법을 통해 경력개발에 대한 사람들의 주관성유형을 분류하였다. 분석 결과에 따르면, 경력개발의 주관성유형은 8개 Q 요인의 특성으로 표현되었다. 8개 요인은 ⑴ 내적가치중시(주관적 가치를 적극적으로 추구), ⑵ 시간규범중시(시기에 관련된 인습적 규범을 중시하고 벗어나지 않으려고 노력), ⑶ 상황주도성(개인의 노력이나 능력보다 환경적 요인의 중요성을 강조), ⑷ 자기 주도성(환경적 요인보다 자기 확신과 통제감에 기반하여 자기 주도적 외적평가를 인정), ⑸ 경력준비성(외적조건에 맞추기 위해 현실적으로 필요한 구체적인 노력과 준비를 중시), ⑹ 경력관념성

(경력에 대한 대세적이거나 고정관념적인 가치와 유행하는 명제를 동시에 수용), ⑺ 외적가치중시(물질과 명예, 지위 등 외적지표로 개인의 능력과 성공을 평가), ⑻ 경력경직성(도구적 가치로서 일과 전통적인 직업가치관이 반영된 특성)이었다.

〈2차 연구〉는 〈1차 연구〉 결과를 토대로 20대-40대의 조직생활을 하는 성인과 그렇지 않은 성인남녀 582명을 대상으로 8개 요인의 프로파일 조합에 따른 4가지 경력개발유형이 현실생활 속에서 나타나는 양상을 확인하기 위해 수행되었다. 그리고 이 유형들 간에 일의 동기와 보상, 주관적인 삶의 만족도와 이직의도에 있어서 어떤 차이가 있으며, 개인의 라이프스타일과는 어떤 관계가 있는지를 살펴보았다. 결과에 의하면, 경력개발 사고유형의 분포는 '인습적 경력개발형(33.7%)', '물질주의적 경력개발형(27.8%)', '현실주의적 경력개발형(24.7%)', '주관적 경력개발형(13.7%)' 순으로 나타났다. 인습적 경력개발형은 다른 유형들에 비해서 금전적 보상을 선호하고 가장 낮은 주관적 삶의 만족도를 보였다. 동시에 다른 유형에 비해 가장 높은 이직의도를 보였으나, 이직하지 못하는 어려움도 가장 많은 것으로 나타났다. 다른 유형들에 비해 주관적인 삶의 만족도가 가장 높고 직장생활에 대한 불만도 가장 적으며, 이직의도가 낮은 유형은 현실주의적 경력개발형으로 나타났다. 물질주의적 경력개발형은 금전적 보상과 더불어 인정과 명예와 같은 외적가치만을 성취하려는 경향을 보였다. 가장 적은 비율을 차지한 주관적 경력개발형은 대체로 자기 삶에 만족하며, 일할 때 활기를 느끼고 일에서의 자율성과 독립성을 중시하는 것으로 나타났다. 이 유형은 금전적 보상을 별로 좋아하지 않고, 사회적 지지와 자기 발전에 도움이 되는 교육을 더 많이 받기를 원한다. 인구통계학적 정보를 보면, 다른 유형들에 비해서 인습적 경력개발형은 대기업과 3·40대의 비율이, 주관적 경력개발형은 중소기업의 비율이, 물질주의적 경력개발형은 여성의 비율이 상대적으로 높은 분포를 보였다.

전체적으로 볼 때, 경력개발유형마다 선호하는 보상체계가 다르며, 이직을 통한 경력관리방식을 받아들이는 것도 달랐다. 또한 기업 내에서 경력초기단계에서 보인 다양한 유형들의 분포가 경력중기단계에서 특정 유형의 분포만이 크게 증가한 것이나 여성의 경우에 드러난 특정 유형의 높은 비율은 조직 내 여성인력의 경력개발유형패턴과 경력시기별로 변화되는 양상에 대한 후속연구를 필요로 하였다.

본 연구를 통해 사람들은 경력개발에 대해 어떻게 다른 마음의 지도를 가지고 있는지를 유형화하였고, 각 경력개발유형에 따라 구체적인 경력개발의 장면에서 서로 다른 가치관과 행동방식이 나타나고 있음을 구체적으로 보여주었다. 발견된 경력개발유형의 특성은 개인의 고정된 특성이라기보다는 각 유형들이 처하거나 익숙하게 들어가 있는 맥락 속에서 개별 행동특성이 나름대로의 적응적인 가치를 가지고 있음을 의미하는 것이다. 따라서 본 연구가 회사나 개인 차원에서 경력개발프로그램을 통한 상호간 상생의 효과를 얻기 위한 기초작업인 동시에, 현실적인 개입의 측면에서 유용한 이해의 틀로써 사용될 수 있을 것이다.

본 연구는 많은 이들의 도움과 격려로 만들어진 산물입니다. 특히 삶에서 문제를 발견하고 새로운 관점으로 바라볼 수 있도록 지도해주신 황상민 교수님과 물심양면으로 아낌없이 도움을 준 연세대학교 발달심리연구실의 석박사 과정 동료와 후배들에게 감사드립니다. 그리고 오랜 시간동안 헌신과 믿음으로 지켜봐주신 어머님께 이 책을 바칩니다.

양진영

차   례

I. 서 론 ··· 15

II. 이론적 배경과 방법 ··· 23

　1. 경력개발의 이론적 접근 ································· 23

　　(1) 경력개발에 대한 내용적 접근 ················· 25

　　(2) 경력개발에 대한 과정적 접근 ················· 26

　2. 인생경로이론(Life course theory)과 경력개발의 개인차

　　 ··· 29

　　(1) 경력개발에서의 동년배집단연구: 동일사건의 다른 결과

　　 ··· 34

　　(2) 한국사회의 동년배집단 ························· 37

　3. 경력개발과 관련된 개인의 심리적 특성들 ·········· 40

　　(1) 사고방식 ··· 40

　　(2) 라이프스타일 ······································· 42

　　(3) 이직의도와 만족도 ································· 44

　4. 개인차 연구방법으로서 Q 방법론(Q-methodology) ····· 46

　　(1) 경력개발에서의 개인차 측정과 요인분석 방법론의 한계

　　 ··· 46

　　(2) Q 방법론의 특성 ································· 48

　　(3) Q 방법론의 과정과 Q 분류결과의 처리 ·········· 51

　　(4) 본 연구목적과 Q 방법론의 적용 ················· 53

Ⅲ. 연구문제 ··· 57

Ⅳ. 〈1차 연구〉: 경력개발의 주관성유형 추출 ················ 59

  1. 연구방법 ··· 59

    ⑴ 연구대상 ··· 59

    ⑵ 측정도구 및 절차 ··· 60

  2. 결 과 ··· 65

    ⑴ 주관적 반응으로서 Q 유형(Q-factor)의 해석 ········· 65

    ⑵ 경력개발에 대한 4가지 주관성유형 ···················· 71

Ⅴ. 〈2차 연구〉: 경력개발유형의 특성연구 ···················· 73

  1. 연구목적 ··· 73

    ⑴ 표본집단들에서의 경력개발유형의 확인 ·············· 74

    ⑵ 경력개발유형과 경력행동에서의 차이 ················· 74

  2. 연구방법 ··· 75

    ⑴ 연구대상 ··· 75

    ⑵ 측정도구 ··· 75

  3. 결 과 ··· 79

    ⑴ 인구통계학적 분포 ······································· 79

    ⑵ 경력개발유형의 분류 ····································· 82

    ⑶ 경력개발유형의 분포 ····································· 89

    ⑷ 경력개발유형별 행동특성 ······························· 97

Ⅵ. 논 의 ·· 115

1. 결과에 대한 논의 ······························· 115

2. 연구의 제한점 및 후속연구에 대한 제언 ·············· 119

참고문헌 ·· 125

부록 ·· 135

표 차례

표 1. 응답자의 인구통계학적 정보 ··· 60

표 2. 경력개발에 대한 두 가지 관점 비교 ································· 62

표 3 경력개발에 관한 67개 문항 Q 분류 배치표 ··················· 64

표 4. 경력개발유형의 요인고유치(eigen value)와 총변량 비율 ········ 65

표 5. 8개의 Q 요인별 대표문항들과 특성 ······························· 68

표 6. 4개 유형과 8가지 문항집단(요인)의 반응특성 ··············· 72

표 7. 응답자의 인구통계학적 정보 ·· 81

표 8. 유형별 요인 점수의 평균, 표준편차, 그리고 최소－최대점수 ·· 88

표 9. 4가지 경력개발유형의 패턴매칭을 위한 분류기준 ·················· 90

표 10. 경력개발유형별 인구통계학적 분포 ······························· 95

표 11. 경력개발유형별 일의 주요 동기 빈도분포 ······················ 99

표 12. 가장 선호하는 보상형태에 대한 복수응답 빈도분포 ············· 101

표 13. 경력개발유형에 따른 직장선택기준의 순위평정 빈도분포 ···· 102

표 14. 경력개발유형별 주관적 만족도와 직장생활의 불만도 평균점수

··· 105

표 15. 경력개발유형별 이직의도와 이직 어려움 평균점수 ··············· 107

표 16. 인구통계학적 지표와 경력개발 8개 요인의 효과 ················· 109

표 17. 만족도와 이직의도에 대한 경력개발 8개 요인의 표준화된

회귀계수 비교 ··· 110

표 18. 경력개발유형별 라이프스타일 12가치 평균점수 ····················· 113

그림 차례

그림 1. 4가지 경력개발유형의 프로파일 ······················· 82

그림 2. 주관적 경력개발형의 프로파일 ······················· 84

그림 3 인습적 경력개발형의 프로파일 ······················· 85

그림 4. 현실주의적 경력개발형의 프로파일 ··················· 86

그림 5. 물질주의적 경력개발형의 프로파일 ··················· 87

그림 6. 성별 경력개발유형 분포 ····························· 91

그림 7. 연령별 경력개발유형 분포 ··························· 92

그림 8. 기업규모/종류별 경력개발유형의 분포 ··············· 93

그림 9. 경력개발유형별 라이프스타일 분포 ················· 111

부록 차례

부록 1. Q 분석에서 나온 Q 요인의 문항들, 표준점수, 평균과 표준편차
··· 135

부록 2. R 방법의 요인분석을 통한 8개 요인과 해당문항, 그리고 요인값
··· 138

부록 3. 각 라이프스타일유형의 특성 확인을 위한 기준 ················· 140

부록 4. 경력개발유형과 그 특성 및 특징적 요인 개요 ···················· 142

부록 5. 경력개발유형별 1위로 선호하는 보상의 빈도분포 ············· 143

부록 6. 설문지 내용 ··· 144

Ⅰ. 서 론

우리는 일을 통해서 자기 삶의 의미와 정체성을 찾는다. 사람들마다 일을 통해서 실현되는 자기 삶에 대한 명확한 목표나 계획을 의식적으로 가지고 있지 않더라도, 최선의 경우에 경력을 통해서 자신의 기본적인 가치와 인생의 목표를 성취한다(Levinson, 1977). 이런 과정 속에서 어떤 사람들은 하나의 직업을 선택해서 경력을 발달시키지만, 또 다른 사람들은 동일한 직업 내에서 혹은 한 직업에서 다른 직업으로의 변화를 겪기도 한다.

전 생애 발달심리학적 측면에서 보자면, 다양성은 경력개발이라는 성인발달과정에서 나타나는 본질적인 특성 중 하나이다(Baltes, 1993). 경력개발은 자신이 속한 직장이나 직업에서 각 개인이 쌓아온 주관적 경험들의 연속적인 과정으로 볼 수 있다. 일과 관련된 활동에 참여하는 개인의 역할이 변화되면서 일과 경력에 대한 목표나 태도 등이 달라지고, 일에 대해 부여하는 가치와 의미도 달라진다. 어떤 동일한 사건이나 현상이 각 개인이 처한 맥락에 따라 다르게 경험될 수 있다는 발달심리학의 맥락주의적 관점(Lerner, 1986)은 경력개발에 있어서도 중요하게 적용된다. 경력개발은 일을 통해 경험되는 개인적이고도 주관적인 삶의 모습이기 때문에 한 개인의 경력개발을 어떤 객관적인 하나의 기준이나 표준적인 의미로 평가할 수는 없다. 이러한 다양성은 경력개발의 본질적인 특성임에도 불구하고, 획일적 가치와 규범적인 평가기준에 의해서 압축 성장하던 우리나라의 사회적 맥락에서는 적응적인 모습으로 수용되기 힘들었다.

직업은 사람들을 특정한 사회·경제적 수준의 삶과 일의 세계

속에서 살아가도록 한다. 그리고 사람들은 일을 통해서 자신이 세상 속에서 어떻게 참여하고 있는지를 돌아보고, 자신과 삶에 있어 중요한 가치, 의미, 목표를 추구하면서 자신의 경력을 발달시킨다. 그래서 직업이나 경력에는 개인적 맥락과 시대적 맥락이 반영된다. 그렇다면 경력개발에서 현재와 미래의 맥락은 어떤 모습일까? Rifkin(1995)이 이미 10년 전에 지적했듯, 노동자들은 로봇, 자동화와 재구조화에 의해 대체되어 왔고, 이런 기술의 발전으로 인해 사회는 점차로 일하는 시간이 적어지는 방향으로 이동하고 있다. 이는 사람들이 자신의 인생에서 일 이외의 다른 활동들에 더 많은 시간을 사용한다는 것(Hansen, 2001)뿐만 아니라, 사람들의 주된 관심이 '먹고 사는 생존의 문제'에서 '삶의 질의 문제'로 옮겨감을 뜻하기도 한다.

이러한 변화의 핵심에는 경력에 대한 단일한 가치에서 다원화된 가치로의 변화가 존재한다. 이 같은 현상은 우리나라만이 아니라, 후기산업사회에 접어든 대부분의 사회에서 공통적으로 직면하는 문제이기도 하다. 조직주도의 경력개발에서 개인주도의 경력개발시대로 바뀌어 가고 있고, 경력을 객관적인 사실보다는 개인의 심리적 성공(psychological success)에 초점을 맞춘 프로틴경력시대(protean career)가 오고 있다(Hall, 1996)는 지적도 경력개발의 다원화를 의미한다. 어떤 사람들은 조직에 자신을 맡기고 경력개발을 임금, 권력, 지위가 향상되는 수직상승의 과정이라고 생각하고, 또 다른 사람들은 환경변화에 맞춰 자신의 인생과 경력을 재조정하는 데 몰두하거나 경력개발을 자부심과 성취감 같은 심리적 성공의 과정으로 여긴다.

우리나라에서는 이러한 다원화된 경력개발이라는 개념이 아직까지는 생소하며, 이제 막 부각되는 새로운 문제들의 원인으로 작동한다. 많은 직장인들이 40대 중반전에 퇴출될 것을 걱정하여 정년이 보장되는 공무원으로 다시 시작하려고 고시촌으로 몰리거나 아예 한 직장이나 업종에 얽매이지 않고 직업이나 직장을 자주 바꾸는 경향도 늘었다. 이런 배경에는 문명과 기술의 발전으로 더 복잡하고 급속하게 변하는 세상, 그리고 해방 이후부터 급격한 사회·문화적 변화를 거쳐 1997년 외환위기를 경험한 한국 사회의 시대적 변화가 맞물려 있다. 게다가 우리나라는 두 세대가 교체되는 시간인 60여년 만에 농경 봉건사회에서 근대사회를 거쳐 정보화 사회로 진입하면서 다양한 가치와 삶의 목적을 가진 사람들이 공존하게 되었는데, 이러한 조건 역시 경력에 대한 다양한 가치들이 공존하도록 만들었다. 그 결과 우리나라에는 무조건 돈을 많이 버는 직업이 최선이라는 믿음과 오히려 돈을 벌고 승진하는 것이 '삶의 질'을 훼손한다는 믿음이 서로의 존재를 의식하지 못하는 상태에서 공존하게 되었다.

경력에 대한 가치와 믿음이 변화하게 된 배경에는 고용시장의 급격한 변화도 있다. 외환위기와 국제통화기금에 의한 강제적 구조조정 요구에 대해 기업들이 인원감축 중심의 워크아웃을 선택하면서, 우리나라 직업세계에서 평생직장과 평생고용의 신화는 사라졌다. 그 이후 고용환경은 유연화된 노동시장(flexible labor market)을 추구하기 시작했다. 이 새로운 고용시장은 자유로운 해고가 가능하고 임금비용의 측면에서 상대적인 우위를 가질 수 있는 비정규직 형태의 고용(박종식, 2003)과 별도의 훈련이나 교육 없이도 충분히 조직에 기여할 수 있는 경력자를 선호하게 된다(한국노동연구원, 2002). 이런 변화는 피고용인과 노동자들에게 대학 졸업장과 대기업 취업만으로도 많은 것이 보장되던 시대가 이미 흘러갔음을 의미한다. 다시 말해, 과거 고도성장의 시대처럼 대학을 나와서 한 곳에서 열심히 일하면 더 빨리, 더 높은 직위까지 안정적으로 승진하는 것이 보장되지 않는 시대가 온 것이다.

산업화와 고도성장의 시대만 하더라도 경력개발은 좋은 직장에 입사하기 위해서 어떤 준비를 할 것이냐 입사한 직장에서 어떻게 적응할 것이냐의 문제였고, 각각의 문제에 대해서 비교적 단순하고 보편적인 해결책이 존재했었다. 즉 어떤 대학 어떤 과를 졸업했느냐 어떤 직장에 입사 했느냐에 따라서 어떻게 일해야 하는지에 대한 답이 정해져 있었던 것이다. 반면, 자신이 하고 싶은 것을 할 수 있다면 부모로부터의 경제적 원조를 받으며 살려고 하는 요즘 자녀세대의 경력개발에 대한 생각은 일과 직장, 경력개발 그리고 성공에 대한 다른 가치와 태도를 갖게 한다. 게다가 IMF 이후 조직이 더 이상 개인의 경력개발을 끝까지 책임질 수 없는 상황이 되자, 경력개발의 문제는 개인이 처한 상황마다 시간의 흐름에 따라 계속해서 새로운 선택과 해결을 요구하는 문제가 되었다.

그러나 이러한 사람들의 구체적이고도 복잡한 요구에 대해 전문가들은 아직까지 효과적인 대안을 제시하지 못하는 듯 하다. 헤드헌팅 서비스가 그 대표적인 예이다. 1997년부터 급격히 성장한 헤드헌팅 사업은 새로운 시대가 요구하는 새로운 문제에 대해서 낡은 답안을 내놓는 데에 그치고 있다. 경력개발에 대한 이들의 보편적인 조언과 지침에 의해 결국 연봉액수가 철저한 자기 관리와 사회적 성공여부의 지표가 되었고, 어디에서든 인정받을 수 있는 자격증 취득이 붐을 이루었다. 그러나 유감스럽게도 이 오래된 대답은 새로운 시대가 요구하는 답안이 아니다. 자격증이나 자기 관리는 특정한 직장과 특정한 경력을 추구하는 사람들에게 적절한 대답이었을 뿐 여러 가지 상황에서 다양한 욕구와 가치를 가진 사람에게 필요한 대답은 아니었기 때문이다.

경력개발의 믿음과 가치의 다양화는 기업의 인력관리 분야에서 이전에는 경험하지 못한 새로운 문제의 원인이기도 하다. 지금과 같은 유연한 고용시장에서는 직장인들도 구조조정에 의해 퇴출되기 전에 스스로 나가려는 태도로 일하게 되고, 실제로 이직자체가 과거와 달리 개인의 경력발달에 흠이 되지 않는다. 그러다보니 회사는 많은 노력과 비용을 들인 인재를 어떻게 하면 놓치지 않을지, 그리고 회사가 이직을 방지하기 위해 어떤 조치를 취할 수 있는지를 고민하게 되었다. 문제는 아무리 보상을 주고 경력개발프로그램에 관심을 갖고 추진해도 남아야 할 사람은 떠나고 떠날 사람이 남는 현상을 멈추기가 어렵다는 점이다. 이는 결국 조직이 원하는 유능한 인재가 실제로 어떤 것을 원하는지, 자기 경력개발을 위해 어떻게 하고 싶은 것인지를 제대로 알지 못한 채 천편일률적인 프로그램을 모든 구성원들에게 시행하기 때문에 야기된 현상이다. 회사의 경우는 모든 사람들이 좋아한다고 생각하는 ‘돈’을 보상으로 삼아 일하게 만들 수 있다고 믿는다. 금전적 보상이 매력적인 강화물이긴 하지만, 모든 사람들이 원하는 것은 아니다. 이제 모두에게 통하는 보편적으로 좋은 조건은 없다. 회사가 회사의 입장에서 좋은 조건을 제공하더라도 그것을 받아들이는 조직원들이 어떤 사람들인가에 따라서 다른 의미로 해석되고 경험되기 때문이다.

이처럼 헤드헌팅 서비스와 기업의 인력관리 부서가 직면한 문제의 핵심은 동일하다. 그것은 다원화된 경력개발 가치와 믿음을 적절히 반영하지 못하고 있는 것이다. 사람들은 자신이 하는 일과 경력개발에 대해서 똑같은 생각을 갖고 있지 않다. 그런데 이 사실을 간과한 채, 회사와 헤드헌터는 누구에게나 보편적으로 적용될 수 있는 방식으로 대처방안을 내놓는다. 헤드헌터는 어떤 고객이든 경력관리해 줄 수 있다고 말하지만, 실제로 특정 직종의 경력자 중심으로 그리고 이직에 대해 호의적인 사람들을 주로 관리한다. 그래서 그들은 예전이라면 가장 모범적인 경력개발 방법으로 간주되었을, 한 회사에 오랫동안 근무하면서 열심히 일하는 사람들을 경력개발을 제대로 못하고 주어진 직장에 안주하는 사람으로 취급하는 오류를 범한다. 그러나 다양해진 경력개발의 문제에 대한 해답은 무조건 이직에도, 무조건 안주에도 있지 않다. 경력개발의 문제를 겪고 있는 각 개인에게 그 해답이 달려 있는 것이다.

일에 대해 사람들이 갖고 있는 생각이 다르고, 일을 하는 방식이나 동기가 다르며, 만족을 느끼는 원천도 다르다는 것을 누구나 쉽게 수긍할 수 있을 것이다. 예를 들어, 같은 회사를 다니고 동일한 일을 하더라도 그 일을 거쳐 가는 일로 여기는 사람과 평생직업이라고 생각하는 사람에게 직장과 일에 대한 경험은 달리 해석되고, 같은 보상을 받더라도 다른 가치로 경험되는 것이다. 아무리 좋은 것을 받더라도 그것이 자신이 원하는 것이 아니라면 사람들은 즐거워하지 않는다. 짧은 시간동안 급속한 사회문화적 변화를 거친 한국사회라는 맥락 속에서 다양한 가치와 삶의 목적을 가진 사람들이 살고 있는데, 이들이 갖고 있는 경력개발에 대한 사고방식이 동일할 수 없는 것이다. 또한 사람들은 저마다 독특한 방식으로 개인적인 관계를 조직하고, 자원을 사용하며, 사회와의 관계를 맺는다(Nickols & Nickols, 1980). 이런 각 개인의 맥락이 사람들로 하여금 같은 일을 하더라도 그에 도달하는 경로를 다르게 만들고, 개인들이 만들어낸 삶의 위상도 동일하지 않게 되는 것이다(Levinson, 1977).

사실 이러한 경력개발의 다원성에 대한 인식이 새로운 것만은 아니다. 이미 여러 학자들과 기업 그리고 헤드헌팅 서비스업체들도 경력경로의 다양성을 인식하고 나름대로 그에 대한 대응방안을 제시하려는 시도를 하고 있다(Bray & Howard, 1983; Kotter, 1996; Levinson, 1977; Stroud, 1981). 이런 다양성을 포괄하려는 학술적 실제적 노력 사례에서 제일 먼저 제기되는 문제는 다원화된 경력개발 가치와 믿음을 측정하고 설명할 수 있는 개념적, 방법론적인 틀을 찾는 것이다. 다시 말해서 사람들이 가지고 있는 경력개발의 가치와 믿음이 얼마나 다양하게 나타나며, 이 다양한 가치들을 어떻게 이해하고 정리할 것인지의 문제가 부각되는 것이다.

본 연구는 경력개발 가치와 믿음의 다원성을 이해·측정하고, 그와 결부된 문제에 적용할 수 있는 틀을 찾아내려고 한다. 본 연구를 통해서 사람들이 갖고 있는 경력개발에 대한 사고특성에 관한 주관적 반응패턴을 발견하고, 그리고 그것이 경력과 관련된 행동에 있어서 구체적으로 어떻게 드러나는지를 살펴보고자 했다.

Ⅱ. 이론적 배경과 방법

1. 경력개발의 이론적 접근

경력(career)의 의미는 연구하는 학문분야[1]마다 그리고 사용하는 사람들마다 다른 의미로 이해된다(Hall, 1976; 김흥국, 2000). 그러나 일반적으로 합의된 경력에 대한 정의는 '한 개인이 일생에 걸쳐 일과 관련하여 얻게 되는 태도와 행위를 포함하는 총체적 경험'이다(Greenhaus, 1987; Hall, 1976). 넓게는 임금을 받지 않는 사람들도 경력을 가진 것으로 해석되지만, 점차로 임금을 받는 사람들의 경력에 초점을 맞추는 추세다. 그러나 급격한 사회환경의 변화와 가치관의 변화에 따라 Hall(1996)은 21세기의 경력을 '프로틴경력(protean career)'이라 부르며, 기존의 경력과는 차이가 있음을 강조했다. 이는 조직구성원이 스스로 끊임없이 배워가며, 환경의 변화에 따라 자신의 인생과 경력을 재조정할 수 있는 능력을 갖추었음을 의미한다. 따라서 수직상승이라는 객관적 요인보다는 성취감이나 자부심처럼 심리적 성공(psychological success)이라는 주관적 요인이 중요해진다.

한 개인의 경력측면에서 변화를 다루는 경력개발[2](career

---

1) 학문 분야별로 경력의 개념은 다양하다. 예를 들면, 심리학에서는 경력을 직업, 자아실현의 수단, 개인인생구조의 한 요소로 정의하고, 사회학에서는 사회적 역할의 전개, 사회적 이동으로 정의한다. 또한 경제학적 차원에서는 경력을 시장의 힘에 대한 반응으로 보고 있으며, 역사학에서는 역사적 결과의 상호관계로 정의 내린다(김흥국, 2000).

2) 의미상 경력발달이 보다 정확한 번역이겠지만, 우리나라에서는 '경력개발'이라는 용어로 널리 사용되고 있기에 혼동을 피하고자 '경력개발'로 사용하였다.

development)에 대한 정의는 크게 두 가지 방향에서 내려진다 (Herr, 2001). 한 가지 방향은 Super(1957)에 의해 내려진 정의로서, 경력개발은 자기에 대한 만족과 사회에 기여함으로써 자기 개념이 발달하고 이행되며 현실 속에서 검증되는 일생동안 계속되는 과정이다. 여기서 경력개발은 일생동안 개인의 경력행동을 형성하는 데 조합되는 심리적·사회적·교육적·신체적·경제적·기회요인의 총집합체로 설명된다(Sears, 1982). 다른 방향에서 경력개발은 개인이 보다 효과적인 경력결정(career decisions)을 내릴 수 있도록 하거나 개인의 경력개발을 확장하기 위한 개입(intervention)이나 적용(practice)으로 설명한다(Spokane, 1991). 즉, 경력개발은 개념적으로 일생동안에 걸쳐 일어나는 경력행동의 발달로 설명하는 이론들과 경력행동이 어떤 특별한 개입(처치)에 의해 변화되는 것을 설명하는 이론들로 구분된다.

초기의 경력개발에 관한 연구는 주로 개인이 자기 직업에 대한 태도나 선택에 관심을 기울이면서 그 결과를 중심으로 이에 영향을 미치는 요소들을 밝히는 연구들이 이루어졌으나, 이후 조직 내의 인적자원을 얼마나 효율적으로 관리하느냐가 주요 관심사로 대두되면서 경력선택의 과정 및 개인과 일 혹은 조직의 특성을 조화시키는 데 관심을 기울였다. 지금까지 진행되어온 연구들에 대해 전자를 내용적 접근법으로, 후자를 과정적 접근법으로 분류해 볼 수 있다(김성국·김태은, 1999). 그러나 중요한 것은 이 두 가지 접근법이 상호배타적인 것이 아니라 상호보완적이라는 것이다.

(1) 경력개발에 대한 내용적 접근법

직업의 선택과 적응은 개인의 성격을 반영한다는 전제하에서 경력이론은 자아에 대한 지식을 토대로 주로 환경과의 적합성을 다루었다. 즉, 사람은 자신의 특성에 맞는 경력을 선택하는 경향이 있고, 특히 그렇게 선택한 사람들은 그 일을 즐기면서 같은 직종에 오래 남아있게 된다. 이런 관점에는 주로 특성요인이론(trait and factor theory)이 포함되며, 주로 개인적 변인(예: 직무성과, 직업흥미, 욕구, 가치, 직무만족, 동기부여 등)을 다루었다. 먼저, Parsons(1909)는 개인에 따라 직무와 관련된 흥미나 가치가 다르며, 직무도 그에 따른 보상이나 요구수준에 따라 달라질 수 있다고 하였다. 이 연구를 토대로 나온 특성요인이론으로는 크게 Holland(1973)의 직업선호모형(vocational preference model)과 Dawis와 Lofguist(1984)의 직업적응이론(theory of work adjustment) 등이 있다.

Holland(1973)는 사람마다 선호하는 직업유형이 다르기 때문에 개인의 성격과 그가 속해있는 작업환경이 적절히 결합되어야 한다고 주장하면서 현실적유형, 탐구적유형, 예술적유형, 사회적유형, 기업가유형, 관습적유형 등의 6가지 유형을 구분하여 설명했다. 반면, 직업적응이론에서는 개인은 만족을 느끼는 주체인 동시에 만족을 주는 영향요인으로서 자기만족으로 증진시키는 방향으로 끊임없이 적응해 나간다는 것이다.

Brown(1996)은 경력선택에 있어서 개인의 판단을 강조하였다. 개인은 나름대로의 가치체계를 가지고 있는데, 이는 개인 고유의 특성과 환경과의 상호작용한 결과로 형성되며 개인은 명확하게 체계화된 가치체계에 입각해 의사결정을 한다는 것이다. 따라서 각 가치요소들의 조합에 의해 내려진 결과는 만족과 성공을 판단하는 잣대로 이용될 수 있다고 지적하며 경력에 있어서의 성공에 대한 예측을 언급하고 있다.

최근에 나온 Schein(1996)의 '경력 닻(career anchor)'모형은 사람들이 직업을 선택할 때 절대 포기하지 않는 개인의 관심과 가치에 관한 이론이다. 사람들마다 경력경험은 다르지만, 경력의 사결정을 할 때 하나의 지침으로 일관되게 이용하는 특성이 있는데 이를 '경력 닻'이라고 하였다. 8가지 유형의 경력 닻에는 기술/기능적역량, 일반 관리자역량, 자율/독립, 안정/안전, 기업가적 창의성, 봉사/헌신, 순수한 도전, 라이프스타일이 있고, 이는 개인이 가지고 있는 경력에 대한 가치나 욕구와 관련된 것이므로 자기 탐색의 과정과 자기 인식의 과정에서 매우 중요하게 작용한다. 이에 따르면, 사람들은 다양한 경력 닻을 가지고 있기 때문에 그들이 선호하는 일, 급여, 승진시스템 등이 다양하게 나타난다. Kreitner와 Kinicki(1992: 김성국·김태은, 1999에서 재인용)의 연구에 의하면, 경력에 대한 개인의 만족은 경력 닻과 특정한 직무형태가 관련됨이 입증되었다. 그러나 실제로 여러 이론들이 개인의 성격과 어떤 관계를 갖고 있는 지를 탐색한 연구(Nordvik, 1996)에 의하면, 성격과 Holland유형은 밀접한 관련성이 발견된 반면 성격과 경력 닻 간에는 그 같은 연관성이 나타나지 않았다.

(2) 경력개발에 대한 과정적 접근

경력선택의 변화와 발달의 개념을 도입한 과정적 접근법에 속하는 이론들의 일부는 개인의 생애흐름(life span)에 관심을 갖고 변화단계와 질적 전환에 비중을 둔 반면, 다른 이론들은 조직의 특성에 기초하여 연속적인 패턴과 발달의 개념으로 설명하고 있다.

먼저 생애흐름의 관점에서 볼 때, 개별적 접근법(individualistic approach)에서는 경력을 한 개인이 자신에게 영향을 주는 문화에 사회적으로 적응하는 과정으로 보고, 준비기(preparatory work period), 초기단계(initial period), 실행기(trial period), 안정기(stable work period), 그리고 퇴직기(retirement period)란 네 단계로 설명하였다. 이 접근에서는 모든 사람들이 다 순조롭게 이 모든 기간을 거쳐 가는 것이 아니며, 한 개인이 어떤 사회집단에 속하는 가에 따라 개인마다 다양한 시도와 다양한 형태의 경력과정을 거치게 된다는 것을 강조한다(김성국·김태은, 1999).

이에 반해, Super(1990)는 경력개발을 자기 개념(self-concept)의 발달로 설명하였다. 자기 개념은 개인이 자신에 대해, 그리고 상황에 대해 어떻게 지각하느냐와 연관되며, 사회화되는 과정에서 발달하는 자기 개념은 생애주기에 걸쳐 변하는 다양한 역할을 조직화하도록 도와준다. 그는 성장단계(growth stage), 탐색단계(exploratory stage), 확립단계(establishment stage), 유지단계(maintenance stage), 하강단계(decline stage) 등의 다섯 단계로 분류하며, 이는 이후 유사한 연구들의 기본모형으로 자리 잡았다.

조직의 관점에서 경력개발은 한 조직의 구성원으로써 조직생활 속에서 조직목표를 달성하면서 거치는 적응과정과 변화로 설명하고 있다. Hall(1976)은 개인이 태어나 소정의 교육과정을 이수해 직장에 입사해서 퇴직할 때까지의 경력단계별 업무성과의 변화를 다뤘다. 한곳에 머물다가 그곳에서 능력을 발휘하고 나면, 또 다시 새로운 기술을 익혀 다른 일자리를 찾아 3-5년마다 일자리를 바꾸는 전이형 경력이동이 여기에 해당된다. 그는 개인의 경력단계가 연령에 따른 것이 아니라 한 개인이 머무르는 분야별로 전문성이나 학습의 숙달단계에 따라 탐색, 시도, 확립, 숙달을 거쳐 다시 탐색으로 이어질 수 있다고 보았다. 즉 그에 따르면, 분야별 학습단계가 끊임없이 연속적으로 진행되어야 경력성공을 이룰 수 있는 것이다.

Dalton(1989)는 어떤 직종이나 조직에서의 초기 경력선택은 매우 중요하지만, 그 이후에 행해지는 결정은 특정한 경력 흐름(career line)에 따라 이루어진다고 설명하였다. 즉 개인의 경력을 책임과 지위의 흐름에 따라 조직 내에서 이루어지는 것으로 파악하였다. 물론 개인적 변인들이 중요하기는 하지만 조직 내에서 받은 훈련과 경험이 다른 분야로의 이동을 어렵게 만든다는 입장이다. 여기서는 경력의 상호의존성과 조직의 변화 및 개인들 간의 변화 간의 영향관계를 강조한다. 개인의 능력은 조직 내 중요한 위치에 있는 사람들로부터 영향을 받으며, 개인 특성의 변화와 발달은 경력변화와 함께 이루어진다.

본 연구는 경력개발에 있어 과정적 접근, 즉 개인의 발달적 관점에 기초하여 사람들이 갖고 있는 일과 경력개발에 대한 다양한 사고방식의 패턴을 알아보는 것이다. 경력개발의 과정적 접근에서 살펴본 이론은 경력에 있어서 개인의 특성이 생애주기에 따른 변화(Super, 1990)를 다루었지만, 개인이 처한 사회문화적 맥락과 경력개발의 다양성에 대한 설명은 부족하다. 따라서 인생경로이론을 통해서 경력에 대한 가치, 태도, 욕구와 경로가 사회문화에 적응해가는 과정 속에서 사람들 간에 어떻게 다르게 혹은 유사하게 나타날 수 있는지에 대한 이해를 돕고자 한다.

2. 인생경로이론(Life course theory)과 경력개발의 개인차

경력개발은 개인의 성인발달 과정의 일부이다. 평생동안에 걸쳐 경력과 관련된 경험, 기술, 학습, 전환과 정체성의 변화가 계속된다. 따라서 어떤 시점에서든지 조건과 경험에 따라 각 개인의 경력개발 과정은 다양한 형태로 나타날 수 있다. 이런 변화는 연령과 관련된 변화뿐만 아니라, 세대처럼 서로 다른 문화적·역사적 효과(cohort effects)와 독특한 개별적인 경험들이 서로 연결되어 일어난다. 특히 특정 시기에 출생한 성인들이 가진 가치, 삶의 경험이나 태도에서 왜 어떻게 유사한지, 그리고 다른 동년배집단의 성인들한테서 발견되는 태도, 가치, 삶의 경험에 있어서 왜 어떻게 다른지를 설명하는 데 인생경로이론은 유용하다.

성인기의 변화를 이해하는 데 있어서 인생경로이론에서의 설명은 연령과 사회적 관계에 대한 사회문화적 관점에 기초하고 있다(Elder, 1975; Neugarten, 1968; Ryder, 1965). 사회문화적 관점에서 인생경로는 사람들이 시간에 따라 해내야 하는 사회적으로 규정된 역할들과 사회적 연령에 따라 야기되는 일련의 사건들로 개념화한다. 비록 출생, 사춘기, 죽음 등은 생물학적 사실들이지만, 인생경로에 있어서 그 의미는 사회적인 사실들이다. 이런 측면에서 연령구분은 어떤 전환의 타이밍(timing)과 순서를 의미하고, 이는 '일찍', '제때', 혹은 '늦게'와 같은 식으로 표현된다. 또한 특별한 동년배집단의 의미와 연결되어 인생경로는 변화하는 사회와 역사적 조건들 간의 관계 속에 놓이게 된다(Elder, 1998).

인간발달에 있어서 인생경로이론이 제시하는 몇 가지 원칙들을 보다 상세하게 설명하면 다음과 같다.

첫째, 개인발달과 노화는 생애전체에 걸쳐 지속되는 적응의 과정이다. 이는 인간발달에 대한 전 생애 관점의 기본적인 대전제이다. 어떤 과정들은 누적이고 연속적인 반면, 또 다른 어떤 과정은 불연속적이고 혁신적이다. 그리고 연령에 따른 영향은 개인의 인생시기 중 의존적인 시기(예: 아동기, 청소년기, 노년기)에는 중요한 반면, 비규범적이고 역사에 따른 영향은 성인기의 초기와 중기에 더 중요하다. 이처럼 개인의 발달은 지역적이고 특수하며 시간에 의해 제한받기 때문에, 발달에 있어서 순수한 진전(advance)이나 순수한 손해(loss)는 존재하지 않는다. 전 생애 발달은 '선택(selection)', '최적화(optimization)', '보상(compensation)'을 수반한다. 이와 연관되어 유명한 예가 있다. Baltes(1993)가 세계적인 피아니스트 Arthur Rubenstein을 인터뷰하면서 성인기 후반에서 이런 기제나 전략들이 어떻게 작용하는 지를 보여주었다. 그는 자신이 늙어서까지 성공한 연주자로 남을 수 있었던 것에 대해 다음과 같이 자신의 전략을 밝혔다.

> 나이가 많이 든 피아니스트로서, 저는 이제 몇몇 소수의 작품만을 연주하고(선택), 하나하나에 대해 예전보다 더 많이 연습한답니다(최적화). 공연 중에 아주 빠른 부분을 연주할 때는 그 앞부분을 좀 더 느리게 함으로써 청중들이 실제보다 더 빠르게 느끼도록 합니다(보상).

이 전략은 좀 더 확장해서 다른 연령대의 성공적인 발달과 연결시켜볼 수 있다. 청소년기 때의 적응은 득을 최대화하고 위험, 상실이나 박탈을 최소화하는 선택적 최적화 측면에서 설명될 수 있다. 청년들은 운동이든 학업이든 아니면 또래중심의 생활이든 간에 자신들이 유능하게 할 수 있는 활동들을 선택하고, 자원 및 시간과 에너지를 투자함에 있어서 이득을 최대화한다. 이처럼 보상을 수반한 선택적 최적화는 "발달적 개인-맥락주의(developmental person-context matrix)"를 적용하는 전 생애발달에 관한 좋은 모델이다(Marsiske, Lang, Baltes & Baltes, 1995). 따라서 이 첫 번째 원칙은 전 생애 인간발달을 연구함에 있어 인간의 유기체 수준부터 사회적 제도와 문화에 이르기까지 다양한 수준들이 서로 연결되거나 교차된다는 것을 의미한다.

둘째, 개인의 인생경로는 그가 살고 경험하는 역사적 시공간 속에서 구현된다. 즉, 급격한 사회적 변화로 인해 사람들이 새로운 환경에 접할 때, 인생경로가 달라질 수 있다. 이때 어떤 사회적 변화가 서로 인접한 동년배집단의 인생경로패턴을 서로 다르게 차별화시키면, 그 역사적 영향은 동년배집단 효과(cohort effect)로 나타난다. 예를 들어, Elder(1974)는 경제공황시기에 청소년기를 보낸 사람들이 이 시기에 초등학생이었던 동년배집단에 비해 성인이 되어서 공황기의 장기적인 효과를 덜 보였다고 한다. 반면 더 어린 동년배집단일수록 아동기의 대부분 시기를 경제적인 어려움 속에서 보냈고, 그러한 곤란은 가족 상호작용패턴, 교육기회, 심지어 아동의 성격도 변화시킴으로써 성인기에까지 부정적인 효과를 보이기도 했다. 그러나 청소년집단은 성인이 되어서 별다른 부정적인 효과를 보이지 않았으며, 어떤 경우에는 어려움을 통해 더욱 독립적이고 주도적인 개인으로 성장하기도 했다.

이런 동년배집단 효과와 함께 역사적 영향이 시기효과(period effect)로 드러나기도 한다. 이는 사회적 변화의 영향이 인접한 동년배집단들에게 비교적 비슷하게 영향을 줄 때를 의미한다. 예를 들어, Rodgers와 Thornton(1985)는 대부분 결혼율의 변화를 동년배집단들 간의 차이라기보다는 오히려 시기의 특성이라고 설명했다. 또한 결혼관계의 해체와 불안정도 실제로 놀라울 정도로 똑같이 많은 집단들에게 영향을 미쳤다고 덧붙였다. 이들은 이혼을 예로 들어 1930년대까지 계속 상승하다가 경제공황기 때 감소했다가 바로 빠르게 회복되어, 1940년대에는 최절정을 이루었고 60년대와 70년대까지 상승세를 타고 있다고 설명했다.

실제로 사회적 변화에 대해서 인생경로이론은 그런 사회적 변화가 동년배집단 내의 하위집단들 간에도 어떻게 다른 영향을 주었는지를 설명하는 데 관심이 많다. 경제공황기를 거친 모든 아동들이 심각한 곤경에 처한 것은 아니었다. 경제공황기동안에 각 가족들마다 경제적 어려움을 동일하게 경험하지 않았다. 즉, 가족의 어려움이 모든 아동들에게 똑같은 방식으로 영향을 미친 것은 아니었다(Elder, 1974). 그렇다면, 이것은 개인의 발달에 있어서 환경적 변화를 측정오차로 잡거나 어떤 결과를 일반화하는 데 있어서의 한계로 봐서는 안 되고, 역사를 동년배집단효과나 시기효과로서 정의하여 실질적으로 중요하게 분석해야 한다는 의미이다.

셋째, 개인의 인생경로는 어떤 생애전환(life transitions)이나 사건이 개인의 삶에 있어서 언제 일어나느냐에 따라 다양해진다. 예를 들어, 사회적 연령(social age)은 사람들이 어떤 역할에 언제 들어가고 언제 떠나는지를 의미한다. 그리고 사춘기와 같은 생물학적 사건들과 전환들의 측면에서 타이밍(timing)은 상대적으로 '일찍' 혹은 '늦게'라고 표현된다(Elder, 1998). 이런 측면에서 타이밍은 연령과 연관되어 사회적 역할들[3]과 사건들이 사람들의 인

---

3) 레빈슨의 인생구조이론(life structure theory)에서도 사람들이 맡고 있는 역할들을 틀로서 사용하고 있다. 개인이 수행하는 역할들은 성인의 삶을 설

생경로를 조직화하는 데 기여한다. 또한 타이밍은 개인의 인생경로와 역사 모두에 관련된다. 예를 들어, Eccles와 Midgley(1989)의 연구에 의하면, 중등학교생활에서 일찍 전환을 맞이한 학생들이 8학년 때에 혹은 그 이후로 늦은 전환을 맞이한 학생들보다 훨씬 정서적으로 고민과 문제행동이 많았다고 한다. 학교에서 정해놓은 방침이나 진로에 따른 학년의 전환은 학생 개인의 발달적 상태나 패턴, 즉 그 학생의 인생경로와 불일치할 수 있다. 그런 경우에 학생마다 다른 사회적인 불이익과 심리적인 불이익을 낳게 된다. 역할들의 특정한 순서나 타이밍은 서로 다른 동년배집단들이나 문화권들, 심지어는 특정 문화권 내에서의 하위 다른 집단들에 따라 달라진다.

넷째, 사람들은 선택과 행동을 통해서 자신의 인생경로를 만들어가며, 그러한 선택과 행동은 역사와 사회환경으로부터 기회나 제약 등의 영향을 받는다. Lerner(1982)가 말했듯이, 사람들은 자기의 인생경로를 만들어가는 구성주의자이다. 사회적 역할과 상황들은 사람에 의해서 선택되고 만들어지지만, 한편으로는 사회적 역할과 상황들이 사람으로 하여금 행동하게 만들기도 한다(Elder, 1998). 세상의 많은 제약들 속에서 유능한 사람은 자신의 인생경로를 만들고 변경시킬 수 있는 대안들이 많고, 그 중에서 자신에게 가장 유의미한 하나를 선택한다(Clausen, 1993).

결국 각 개인의 삶의 경로는 나이와 함께 변화되는 역할 속에서 성공적으로 전환하고 적응하는 과정 속에서 다양한 모습으로 나타나고, 최적의 적응이 바로 인생경로에서 개인들이 부딪히는 발달과업의 핵심인 것이다(Bee, 2000).

명하는 데 아주 유용하다(Bee, 2000).

(1) 경력개발에서의 동년배집단연구
: 동일사건의 다른 결과

연령(출생년도)이나 어떤 체제나 조직 속으로 입문하는 시기 (예: 학교입학, 결혼)는 사람들을 역사적 시간과 사회적 변화에 연관되어 어딘가에 놓이게 한다. 동년배집단 속에서 다른 또래들과 함께 있지만, 어떤 사람은 연령에 따른 역할들의 연속선상에서 움직이기 때문에 특별한 역사적 경험이 다를 수 있다. 출생년도와 동년배집단의 구성원들에 대해 보다 잘 이해하기 위해서는 각 동년배집단들의 자체 특성들4)과 뚜렷한 역사적 사건들을 밝히고, 이를 시간에 따라 진행시켜야 한다. 왜냐하면 특정 동년배집단이 인접한 다른 동년배집단은 동일한 역사적 사건을 함께 겪을지라도, 인생경로에 있어서는 다른 인생단계에 있다. 그렇기에, 서로 다른 동년배집단은 어떤 사회적 변화나 사건에 대한 생애경험이 달라질 수 있는 것이다. 결과적으로 특정 사건이나 역사적 변화의 영향은 그 변화지점에 있는 각 동년배집단의 인생단계에 기초하여 뚜렷하게 차별적인 형태들로 드러나게 된다.

Ryder(1965)는 인생경로 속에서 동년배집단 차이의 정도를 설명함에 있어서, 인생단계원칙(life stage principle)을 강조하였다. 각 동년배집단이 어떤 역사적 사건(경제적 공황이나 번영)을 만나게 되었을 때, 그 사건의 영향이 각 동년배집단의 경력단계에서 어떻게 나타나는지를 설명하였다. 그는 제2차세계대전 때 복무했던 미군들 중에서 서로 다른 연령에 군에 입대한 경우를 예로 들어 설명하였다. 그 연령의 범위는 대략 20년이었다. 고등학교를 졸업한 즉시 입대한 신병들이 있었고, 가족과 자기 일을 가

---

4) 예를 들어, 동년배집단의 크기, 가치, 태도, 하위집단들의 특성이 포함된다.

지고 있던 30대 중반의 신병들도 있었다. 입대한 이들 모두에게 는 동일한 위험과 보상이 있었지만, 늦은 나이에 입대한 사람들 이 고교졸업 후 즉시 입대한 남자들에 비해 가족과 건강의 위험 이 더 컸다(Elder, Shanahan & Clipp, 1994).

Easterlin(1980)은 동년배집단의 크기와 가용한 경제적 기회 간의 연관성을 남성들의 직업생활에 대한 전후 변화로 설명하였 다. 다른 조건들이 모두 똑같을 때, 젊은 남성의 상대적 공급은 많아질수록 그들의 상대적인 경제적 지위와 이득은 더 적어진다. 60년대 이전에 상대적으로 적은 출생 동년배집단의 젊은 남성들 이 훨씬 많은 기회를 경험했고, 그들의 상대적인 경제적 지위(나 이 든 사람들과 비교해서)도 의미 있게 증가했다. 다시 말해서, 1955년부터 1965년 사이인 제2차세계대전 직후 출산율이 가장 급격히 증가한 시기에 출생한 베이비부머 세대는 다른 세대에 비해 대학입학과 구직에서의 극심한 경쟁을 치루었다. 이처럼 특 정한 동년배집단, 세대는 구체적인 역사적 혹은 사회적 사건을 경험하는 동시에 그 사건의 파장 속에서 자신들의 삶을 영위해 나간다.

또 다른 연구는 Stewart와 Healy(1989)에 의해서 진행되었다. 이 연구에서 1945년부터 1951년 사이에 대학원생 시기를 보냈던 여성들은 세 개의 동년배집단으로 구분된다. 제2차세계대전 시 완전한 성인집단(1906년–1914년 출생), 이 시기동안에 성인기에 도달한 집단(1918년–1922년 출생), 그리고 이 시기 이후에 성인 기에 도달한 집단(1925년–1929년 출생). 가장 나이가 많은 동년 배집단은 경제공황시기에 성장한 사람들로서 자립과 경제적 안 정에 매우 높은 가치를 부여할 뿐만 아니라 전통적인 가족가치 도 매우 강하다. 이 여성들은 두 가지 역할을 다 할 수 없기 때문에, 직업과 가정 중에서 하나를 선택해야만 한다고 믿었다. 이와 달리, 전쟁시기에 청소년기를 보낸 두 동년배집단의 경우는 그 시기에 여성이 일하는 것은 매우 당연했다. 이 동년배집단은 초기 성인기를 전쟁 이후에 보냈고 이 시기에 여성들은 결혼하고 아이를 가지면서도 일하는 것을 당연한 것으로 여겼다. 즉 이 동년배집단의 여성들은 직업과 가정을 동시에 가질 수 있는 것으로 믿었다.

1997년 하버드대학의 MBA 과정 졸업생 115명을 대상으로 20여 년간 추적 연구한 Kotter(1996)도 이들의 직업적 경로가 그 이전 졸업생들(1949년 졸업생은 대규모 제조업체에서 전문적인 관리자로서 경력을 쌓음)과는 전혀 다르게 어려운 경험과 위험을 감수하는 쪽으로 보다 다양해졌음을 보여주었다.

그러나 이처럼 다른 동년배집단만이 다른 인생경로를 형성하는 것이 아니다. 같은 동년배집단 내에서조차도 달라질 수 있다. 동년배집단의 사람들이 동일한 환경적 변화에 다르게 노출이 되기 때문이다. 이에 대해 Elder(1998)는 어떤 공장이 폐쇄되었고 모든 학년의 학령아동들이 경제적 스트레스에 노출되는 것은 아니라고 설명했다. 어떤 부모들은 다른 곳에서 일하고, 또 어떤 가정은 그런 종류의 스트레스로부터 자녀들을 보호하려고 애쓴다. 그렇기 때문에, 그는 동년배집단 내의 분석을 통해서 사회적 변화에 대한 이질적으로 반응하는 특별한 유형을 탐색해야 한다고 제안했다(Elder, 1998).

그렇다면 다른 어느 나라들보다 변화속도가 급격한 한국사회(Inglehart, 1997)에는 어떤 동년배집단들이 존재하고 있는지, 그리고 이들의 다양한 가치나 행동양식은 어떻게 다르게 형성되었을까? 본 연구에서는 이에 관한 여러 연구들을 살펴봄으로써, 사람들이 갖고 있는 다양한 경력개발 사고방식의 맥락에 대한 이해를 돕고자 한다.

(2) 한국사회의 동년배집단

한국사회는 동일한 문화 속에서 '세대(동년배집단)'에 따라 다른 행동양식과 가치관을 지니고 있다는 연구들이 무수히 제기되어왔다(구자숙·한준·김명언, 1999; 김명언·김의철·박영신, 2000; 나은영·민경환, 1998; 나은영·차재호, 1999; 박재홍, 1995, 1996; 차재호, 1987; 한규석·신수진, 1999; 한덕웅·이경성, 2003).

사람들의 다양한 가치관이나 행동양식은 한국사회의 맥락과 환경의 변화와 맞물려 변화하고 있다. 나은영, 차재호(1999)에 따르면, 1990년대 말 한국사회에서는 젊은층과 고학력/고소득층을 중심으로 '자신과 가족 중심의 개인주의'가 증가하고, 탈물질주의 가치의 증가 경향이 주춤하면서 개인의 자기 주장성과 불확실성 수용 경향이 증가하였다. 따라서 젊은층의 가치관은 주로 즐겁고 풍요로운 인생 중시, 정조관념 및 상하구별 경시, 그리고 개인주의 및 자기 주장성의 증가와 관련된 가치들이었다(나은영·민경환, 1998; 나은영·차재호, 1999; 정철희, 1997; 한덕웅·이경성, 2003).

한국사회의 변화와 세대집단을 심리적 특성을 기준으로 구분한 일련의 연구들(황상민, 1999; 황상민·양진영, 2002)에서는 한국사회의 구성원을 이루는 다양한 동년배집단들이 공유하는 역사적 사건, 행동방식, 의식특성을 생애주기상의 발달단계를 고려하여 ① 해방 전후 복구세대, ② 근대화세대, ③ 경제부흥기세대,

④ 민주화세대, ⑤ 자율화세대, ⑥ 신인류세대로 구분하였다. 이들의 특성을 좀 더 설명하면 다음과 같다.

해방 전후 복구세대는 한국사회의 최고령 동년배집단이며, 이들은 농업 중심의 경제체제하에서 대다수 국민들이 절대 빈곤층을 이루었던 식민지시대를 거쳐 민주주의와 공산주의라는 이데올로기의 극한 대립상황에서 해방과 한국전쟁을 경험하였다. 이들에게는 '먹고사는 문제', 즉 생존이 가장 중요한 문제였다.

두 번째는 '근대화 세대'인데, 이들은 5·16 쿠데타 이후 군사정권하에서 한일국교가 정상화되고 베트남전쟁에 참여하는 것을 보았다. 출산 억제정책, 반공의식 함양, 학력수준 증가, 이농현상 대두와 같은 시대적 상황이 일어나던 1960년대에 청소년기를 보냈으며, 현재는 중년기의 절정이라 할 수 있는 50대 중반에서 60대 중반에 해당한다. 산업시대로의 전환기에 놓인 이들에게 가족을 위한 희생과 헌신이 당연하고, 절약만이 살 길이었다.

세 번째 '경제부흥기세대'는 유신독재시절, 새마을운동, 수출진흥정책, 자본집약적 중화학 공업의 육성이 고조되고, 사회적으로는 학력수준이 상승하고 자녀교육비가 증가하며 본격적인 도시화가 이루어지던 1970년대에 청소년기를 보냈던 이들로서, 현재 40대 중반에서 50대 중반에 해당하는 사람들이다. 이들은 한국사회의 고성장 신화를 이룩해 온 세대로서 대기업에 취직해서 승진하거나 집을 사는 산업사회의 삶의 방식이 주류를 이루었다.

네 번째 '민주화 세대'는 현재 30대 중반에서 40대 중반에 해당하는 사람들로, 소위 '386 세대'라고 불리는 집단이다. 이들은 민주화운동이 본격적으로 대두되고, 남북고향 방문단 교류나 1988년 서울올림픽과 같은 시대적 흐름 속에서 청소년기와 청년기를 보냈다. 이들은 전자산업이나 자동차산업을 위시한 기술 집약적 산업의 발달로 고도의 경제성장기를 향유하고, 사회적으로 통금이나 교복 등 각종 규제가 해제되던 시대를 경험하였다. 군사독재정권의 붕괴 속에서 똑같은 삶의 방식에서부터 벗어나고자 하였다.

'자율화 세대'(일명 X세대)의 청소년기는 문민정부가 출범하고 정치세대 교체가 가속화되며 민주화가 정착되던 시기였다. 이들은 IMF 경제위기나 성수대교나 삼풍백화점 붕괴를 경험하면서 세계화 등과 같은 국제화·개방화 시대를 20대에 경험하면서, 지금은 20대 중반과 30대 초반에 걸친 세대이다. 이들에게 소비를 통한 자기 표현적 삶이 자리하면서, 삶의 질에 대한 관심과 욕구가 자연스럽게 늘어났다.

마지막으로 '신인류 세대'(일명 N세대)는 경제적 회복과 정보화 산업의 확산, 그리고 인터넷의 보급, 남북 간 교류의 증가 등 혼란과 기회가 혼재된 사회환경을 경험하면서, 후기 산업사회가 만들어 놓은 사회환경에서 사이버 문화를 경험하고 있는 현 시점에 청소년기를 보내고 있는 우리 사회의 10대들이다.

현재 한국사회에서 이런 다양한 동년배집단은 IMF 외환위기에 이어 저성장, 고실업, 그리고 불안전고용을 경험하는 양상은 서로 다르고, 대처하는 방식도 다를 것이라 가정할 수 있다. 꿈꿨던 여유로운 삶의 모습이나 안전고용을 믿고 추진했던 삶의 방식들이 바뀔 수밖에 없는 상황에 적응하기 위해서, 사람들은 자신들의 경험과 가치에 기초하여 획일적인 삶의 모습이 아닌 자기만의 삶의 모습들, 즉 주관적인 의미와 만족을 느끼는 다양한 삶의 방식을 만들어가는 것이다.

따라서 인생경로이론은 경력개발에 관한 문제나 사건, 현상이 개인이 처한 맥락에 따라 다르게 경험되고 있음을 보여주고, 일에서 보여지는 개인의 주관적인 삶의 모습이 개개인에 따라 어떤 차이를 보이며 타인과의 유사점 및 차이점을 설명하는 틀로서 유용하다. 따라서 각 개인이 만들어온 경력개발의 주관적 경험들과 의미가 어떤 하나의 객관적인 가치나 기준 혹은 표준적인 의미에 의해 평가될 수 없고, 개인의 맥락을 고려해야 하는 것이다. 즉 경력개발에 대해 사람들이 갖고 있는 주관적인 가치와 의미의 차이는 경력개발에서 부딪히는 새로운 문제들에 대한 접근방식과 그 해답이 다를 수밖에 없음을 의미한다.

3. 경력개발과 관련된 개인의 심리적 특성들

(1) 사고방식

사람들은 일련의 행동을 계획하고, 문제의 해결책을 찾으려고 하고, 어떤 주장의 사실 여부를 알려하며, 대안들 간의 의사결정에서 이득과 손실을 따져보는 것과 같은 일련의 내적활동을 하는데, 이를 '사고'라고 한다(Gleitman, 1999). 사고를 통해서 우리는 외부사건을 인식하고, 과거경험들을 반성하며, 문제를 해결하고, 다른 정보들보다 특정 정보에 선택적으로 주의를 기울이며, 환경적인 조건들과 개인적 목표들에 대해 반응한다. 즉 사고는 세상과 세상에 대한 개인적 경험이 심적으로 표상화된 것으로 간주할 수 있다.

사람들은 특정 주제나 사건 또는 현상에 대해 사회적 표상(social representation)을 형성하게 되면, 그들은 일상생활에서 부딧히는 사건이나 사람, 사물 등을 자신들이 가지고 있는 사회적 표상에 맞추어 관례대로 해석하는 경향이 있다(Purkhardt, 1993; 황상민, 1997; 최상진·한규석, 2000). Mugny와 Carugati(1989)에 의하면, 사회적 표상의 과정을 통해 각 개인은 상징적으로 현실을 구성하게 된다고 한다. 사회적 표상은 각 개인에 따라, 속한 집단이나 사회적 범주에 따라 각기 다르며, 각 개인의 역사 또는 사회적 맥락과도 관련된다. Moscovici(1961)은 동일한 정보라고 하더라도 그에 대한 표상은 완전히 다를 수 있다고 보았다. 경험에 대한 해석이 각 경험마다 다양하게 나타날 수 있다는 것이다. 또한 각기 다른 잠재적 자원을 가진 정보들이 갖는 설명적 가치가 다양하게 나타날 수 있으며, 모순을 불러일으킬 수 있는 특정 정보에 대한 거부는 때때로 그 정보에 대해 전혀 모르는 것을 의미하기도 한다. 사회적 표상의 특징 중 하나는 현재의 표상에 근거해서 보았을 때 적합하지 않은 경우에는 새로운 정보를 찾게 되지 않는다. 결국 가장 중요한 것은 그 사람이 가진 표상의 범위나 영역과 태도라고 볼 수 있다.

따라서 사고는 다양한 가치, 태도, 신념, 관습, 의견 등을 반영하고, 이것이 언어적으로 표현되는 것이다. 즉 사고는 개인이 갖고 있는 자신과 세상에 대한 경험에 관한 다양한 표상체계들이다. 그리고 이것은 개인마다 다른 체계를 이루고 있기에 어떤 문제를 해결하는 과정에서 사람들마다 서로 다른 방식으로 사고하고 행동한다.

이런 개인의 경력개발 사고방식은 사회학에서 주로 직업의식(job consciousness)이라는 개념으로 사용되고 있으나 심리학연구에서는 이 용어를 별로 사용하지 않는다(김양희, 1998). 또한 직업의식은 직업에 대한 태도, 직업관, 직업적 가치관, 취업의식

42

등의 용어와 혼재되어 사용되기도 한다(한국여성개발원, 1987). 이 같은 직업의식은 연구자들의 조작적 정의에 의해 몇 가지 하위영역을 구성하여 측정되는 것이 일반적이다. 따라서 직업의식은 직무와 조직에 대한 태도로 측정되거나(김양희, 1998), 일지향, 여가지향, 사회활동지향과 가정지향 등으로 구분된 직업에 대한 다양한 태도(김연종, 1993; 양한주, 1997; 홍성옥, 1990)로 조사되거나, 직업가치의 여러 하위영역(Mortimer & Lorence, 1979; 백영균, 1980)으로 연구되어왔다(한국직업능력개발원, 1998에서 재인용).

(2) 라이프스타일

라이프스타일(lifestyle)이란 "사회 전체 또는 일부 구성원들이 공통적으로 가지고 있는 생활양식"이며(Lazer, 1963), 사람들이 개인적 관계를 조직하고 자원을 사용하며, 사회 및 자연환경과 관계를 맺는 방법을 의미한다(Nickols & Nickols, 1980). 따라서 개인의 가치체계에 따라 특정한 라이프스타일을 유지해 나가며, 이는 특정 문화나 특정 집단을 구별할 수 있게 한다.

개인의 라이프스타일을 통한 분석방법은 인구통계학적 정보만으로는 충분히 설명되지 않는 소비자개인의 구매 행동을 입체적으로 설명할 수 있으며, 소비자들의 생활상이 어떻게 변화하고 있는지를 보여줌으로써 사회적 동향을 예측하는 데 도움이 된다고 알려져 있다(김홍규, 1998; 박성연, 1996; 채서일, 1992).

현재 전 세계적으로 가장 많이 사용되는 라이프스타일분석의 틀은 VALS(Values and Lifestyles: 가치와 라이프스타일) 분석법과 AIO(Activities, Interest, Opinions: 활동, 관심, 의견) 분석법,

그리고 심리통계적(Psychographics) 분석법 등이 있다(Solomon, 1994).

국내에서 한국 사람들을 대상으로 한 라이프스타일 연구는 현실적인 필요성에 비해서 많이 부족한 형편이다. 그 중에서 라이프스타일에 대한 연구방법론의 측면에서 주목할 만한 연구들이 있는데, 먼저 채서일(1992)은 전통적인 양적 연구방법인 요인분석과 군집분석을 통해 라이프스타일의 유형을 구분하고자 한 바 있다. 반면 조혜정·엄기호(1999)는 질적 연구방법을, 김홍규(1998)는 Q 분석법이라는 주관성 연구방법론을 적용하여, 박성연(1996)은 구체적인 소비자행동에 초점을 두어서 라이프스타일을 탐색한 바 있다.

개인의 심리적 속성들을 고려한 체계적인 모형으로서 한국인의 라이프스타일 양상을 파악한 연구가 황상민·양진영·강영주(2003)에 의해서 수행되었다. 이 연구는 12가지 심리적 속성들을 기준으로 한국사회의 구성원들을 설명할 수 있는 라이프스타일 유형을 찾아낸 것이다. 응답자들의 반응으로 군집분석을 실시한 결과 5개의 라이프스타일유형을 확인하였다. 전통가치를 존중하면서 물질적 성공을 추구하는 '물질주의적 신봉건형', 전통과 권위와 위계질서를 지키고 존중하며 사회문제에 관심 많은 '전통주의적 보수형', 전통적 가치를 거부하며 동료와 또래에게만 너그러운 '공동체적 개방형', 자기중심적인 삶을 추구하며 재미와 물질적 풍요를 중요한 '개인주의적 보보스형', 현실에 함몰되어 살아가는 '현실적 동조형'이었다. 이 5가지 라이프스타일유형의 분포 양상은 연령대별로 달랐고, 각 연령대의 대표적인 라이프스타일이 그 연령대집단의 특성으로 부각되었다.

전국 1,500명을 대상으로 라이프스타일 분포를 조사한 결과에 따르면, 현실주의적 동조형이 33.4%로 가장 많았고, 물질주의적 신봉건형(23.2%), 개인주의적 보보스형(16.8%), 공동체적 개방형(14.0%), 전통주의적 보수형(12.6%)이 존재하고 있었다(황상민·김도환, 2004).

라이프스타일에 의한 설명 틀은 한국사회에서 벌어지고 있는 정치, 경제 문화적 현상들에서 그 타당성이 경험적으로 검증되고 있다. 예를 들어, 대통령 후보의 이미지에 반영된 라이프스타일의 차이(황상민·김도환, 2003), 컨셉트 제품의 감성 이미지에 나타난 라이프스타일(황상민·김지연, 2003), 온라인 게이머의 라이프스타일(황상민·장근영, 2003) 등의 다양한 주제들에 구체적으로 적용되어 다양한 사회적 이슈에 대한 상이한 반응을 설명하고 이해하는 자료로 유용하게 사용되고 있다.

(3) 이직의도와 만족도

㉮ 이직에 관한 연구

이직에 영향을 미치는 요인에 대한 연구들을 보면, 주로 직무만족이나 경력몰입을 많이 다루었다. 그에 따르면, 일반적으로 직무만족과 이직률은 역상관을 보이는 것으로 나타났다. Aryee와 Tan(1992)는 싱가폴에 있는 510명의 교사와 간호사를 대상으로 경력몰입에 영향을 미치는 요인과 경력몰입의 결과로 나타나는 요인이 무엇인지를 밝혀내려 하였다. 경력몰입에 유의한 영향을 미치는 선행변인으로 나타난 것은 조직몰입, 경력만족, 조직의 발달기회 등이었고, 경력몰입은 이직과는 부적으로 관련되었다. Aryee, Chay와 Chew(1994)는 396명의 관리직과 전문직 종사자들의 경력단계를 3단계로 구분한 뒤 각 단계에서 경력몰입의 예언변인과 결과변인을 조사하였다. 현재 직무의 기대되는 효능성과 직무특성이 모든 단계에서 경력몰입의 유의한 예언변인으로 나타났다. 경력몰입은 모든 단계에서 능력개발과 정적관계에 있었고, 이직의도와는 부적관계에 있었다. Bedeian, Kemery와 Pizzolatto(1991)은 244명의 간호사를 대상으로 한 연구에서 경력몰입이 강한 간호사의 경우 경력성장에 대한 기대감이 클 경우 이직의도가 낮게 나타났으나 경력몰입이 낮은 간호사의 경우에는 경력성장에 대한 기대감이 커도 이직의도는 높게 나타났다고 보고했다.

그러나 실제로 이직을 가장 잘 예측하는 것이 무엇인지를 밝히는 연구들에 의하면, 이직의도가 전반적인 직무만족이나 조직몰입보다 이직을 더 정확하게 예측하는 것으로 나타났다(Kraut, 1975; Mobley, Horner, Hollinhsworth, 1978; Price & Mueller, 1981).

(나) 주관적 삶의 만족도에 관한 연구

일반적으로 대부분의 사람들에게 있어서 일은 그들 삶의 중심적인 측면이기 때문에 직장생활의 만족과 전반적인 삶의 만족 간에 강한 관계가 있을 것이라 가정하여 왔으나 직장생활 만족의 전체 삶의 질에 대한 상대적인 기여도는 크지 않다(Near, Smith, Rice, & Hunt, 1984). Rice, Near, & Hunt(1979)는 직장생활 만족과 전반적인 삶의 만족 간의 관계를 측정한 16개의 연구를 분석하였는데 직장생활 만족은 전반적인 삶의 만족을 평균적으로 약 5% 내지 10%로 설명하였다. AT&T의 관리자들에 대한 종단연구에서 Bray와 Howard(1983)는 중년기 때까지 기업 내에서 가장 높은 곳까지 올라간 남성들이 덜 성공한 남성들보다 자기 일에서는 더 만족스러워했지만, 결혼생활을 포함해서 전반적으로 더 행복하거나 더 적응을 잘하지는 않았다.

그러나 대부분의 일과 삶에 대한 만족에 대한 연구를 보면, 상관은 그리 크지 않지만 자기 일을 좋아하는 남자들이 자기 삶을 더 좋아한다고 평균적으로 말할 수 있다(Bee, 2000). 반면, 여성의 경우에는 연구결과들이 비일관적이다. Betz와 Fitzgerald(1987)에 의하면, 일하는 여성이 전업주부보다 자기 삶에 대해 다소 더 만족하고 신체적으로 심리적으로 더 건강하다고 하였다. 그러나 Stroud(1981)는 Berkely Intergenerational Study에서 여성의 경력을 분석한 결과, 일하는 여성이 전반적으로 삶에 대해 만족한다고 보지는 않았다. 대학교육을 받은 여성들 중에서 성인기동안에 계속해서 전업주부로 있었던 여성들이 중년기에 사기와 자존감이 가장 높았고, 꾸준하게 일했던 여성들은 그 다음이었다. 그리고 일을 자꾸 중단하거나 꾸준하지 못했거나, 혹은 적당한 수준으로 일에 개입해왔던 여성들의 사기와 자존감 수준이 가장 낮았다.

4. 개인차 연구방법으로서 Q 방법론 (Q-methodology)

(1) 경력개발에서의 개인차 측정과 요인분석 방법론의 한계

본 연구의 목적은 경력개발에 대한 사람들의 주관적 가치와 믿음의 심리적 지도를 구성하려는 것이었다. 이를 위해서는 피검사자들에게 경력개발의 다양한 가치나 믿음을 표현하는 문항을 제시하고 각 문항에 대한 평가를 통해 이들이 가진 경력개발의 가치유형을 분류하는 방법이 필요했다.

요인분석(Factor Analysis)은 Spearman과 Thurstone이 지능의 특성을 밝혀내기 위해 사용한 방법이다. 요인분석방법은 어떤 심리학적 구인(construct)을 측정하는 것으로 여겨지는 여러 문항을 여러 사람들에게 질문하고 그 응답결과 간의 상관관계를 가장 잘 설명할 수 있는 가상의 하위구인을 추출하는 절차를 거친다. 이는 인간의 어떤 심리적 특성을 보편적으로 구성하는 여러 하위요인들을 찾아내고 이들 간의 관계, 이들의 특성에 영향을 미치는 정도를 밝히려는 방법이다. 따라서 어떤 특성을 측정하는 척도의 구인타당도 검증에 많이 사용된다.

이 요인분석 방법론은 지능과 같이 측정하고자 하는 심리학적 구인의 의미가 모든 사람에게 동일하며, 동일한 문항은 모든 사람에게 동일한 의미로 해석되어 동일한 심리적 구인에 대한 측정치가 될 것이라는 전제를 가지고 있다. 그렇기 때문에 요인분석방법은 측정하고자 하는 대상과 측정문항의 의미가 객관적으로 합의되어 있는 구인을 분석하는 데에 유용하다. 요인분석이 처음 사용되었던 지능이나, 공격성, 성격, 기질 같은 변인을 그 예로 들 수 있다. 지능은 자기 능력에 대한 주관적인 평가가 아니라 객관적인 문제해결능력을 측정하는 것이며, 공격성이나 성격 혹은 기질 역시 동일한 상황에서 개개인이 보이는 행동의 차이를 통해서 개인차를 구분하는 보편적인 축으로 기능한다. 즉, 이런 구인들은 주관적인 가치보다는 객관적인 가치가 중요할 수 있다.

그러나 만약 동일한 문항이라 할지라도 사람에 따라서 다른 의미로 해석될 수 있으며, 그 문항들로 측정하고자 하는 구인의 근본적인 의미에 대해서도 사람들에 따라 전혀 다른 경우에는 다양한 문항에 대한 사람들의 반응 간의 상관관계에 근거한 요인분석은 타당한 해석을 얻기 어렵다. 앞서 기술했듯이 경력개발에 대해 사람들이 가지고 있는 주관적인 가치와 의미의 차이는 단순히 직업선택과 평가의 기준과 같은 단일한 변인에서의 개인차를 넘어선다. 예를 들어, 어떤 사람에게는 도저히 직업이라고 할 수 없는 일이 다른 사람에게는 진정한 의미의 직업이 될 수 있으며, 어떤 사람에게는 진지한 의미의 경력탐색 활동이라고 할 수 있는 행동이 다른 사람에게는 자기 일에 충실하지 못하고 딴 곳에 눈을 돌리는 비겁한 행동으로 해석될 수 있는 정도의 차이이기 때문이다. 따라서 Q 방법론은 경력개발에 대한 사람들의 반응을 통해 주관적으로 인식하는 경력개발과 반응하는 방식을 탐색하기에 적합하다.

여기서는 Q 방법론의 특성과 과정 및 결과처리, 유용성 그리고 본 연구와의 적합성을 간략하게 기술하고자 한다.

(2) **Q 방법론의 특성**

Stephenson(1953)에 의해 창안된 Q 방법론은 객관적 과학을 지향하였던 실험 심리학적 연구에서 잘 파악할 수 없거나 심지어 무시하였던 인간의 주관적 영역에 대한 반응을 객관적으로 측정하려는 노력의 하나였다. 즉, 개인의 주관적 인식에 초점을 맞추어 어떤 대상이나 현상에 대한 개인들의 총괄적인 인식의 모습을 자세히 그리고 보다 객관적인 방법을 통해서 도출해 내려는 조사방법이다. 따라서 Q 방법론은 상관관계와 요인분석 등의 통계적 방법을 적용하여 인간의 주관성을 체계적으로 그리고 엄밀한 수량적 방법으로 연구하는 독특한 심리측정학적 원리를 갖고 있다(Mckweon & Thomas, 1988). Q 방법론이 적용되는 영역은 자아(self)와 관련된 모든 영역에서 가능하다. 여론, 태도, 선호, 사고행동, 집단, 역할, 문화, 사회화, 의사결정, 선전, 가치, 신념, 성격, 의사소통, 문학, 이미지, 아이디어 등 자아가 포함된 연구에 유용하다(Brown, 1980).

Q 방법론의 장점은 응답자의 주관적 사고에 대한 비작위적이고 가설생성적인(abductive) 특성에 있다. 그것은 Q 방법이 연구자의 임의적이고 작위적인 설문에 대한 정형화된 선택강요를 피하고 자발적인 기술의 형태를 빌어서 개인의 심리상태에 대한 묘사를 가능하게 만들기 때문이다. 따라서 기존의 심리학에서 주관적 영역에 관한 반응을 '조작적 정의(operational definition)'나 '변인(variable)의 설정'과 같은 방법으로 마치 모든 사람들에게 동일하게 적용될 수 있는 것으로 가정하는 것과는 다르다. 일반적으로 심리학연구에서 현상에 대한 개인의 반응을 '조작적 정의'로 제한했던 반면, Q 방법론에서는 개인이 대상에 대해 가지는 '주관성(subjectivity)'을 있는 그대로 표현할 수 있도록 한 것이다. 이때 주관성이란 "개개인이 특정 사건, 생각, 사물에 대해 스스로의 관점에서 어떤 견해(opinions)를 갖고 있는 지를 밝히는 것"(Brown, 1980)으로, 단순히 타인 혹은 자기 자신에게 이야기할 수 있는 어떤 것이다(Stephenson, 1953). 개인이 부여하는 주관적 의미가 무엇인지를 설명하는 Q 방법론의 세 가지 주요특성은 다음과 같다.

첫째, Q 방법론의 독자적이고(ipsative) 반응표현적인 특성은 각 사람들이 특정 현상이나 주제에 나타내는 반응의 차이, 즉 개인차를 드러낼 수 있도록 한다. 즉, 한 개인이 어떤 대상에 대해 보이는 의미와 차이가 어떻게 다르게 나타나는가를 '개별적으로', '따로 떼어서' 살펴볼 수 있는 방법이다. 변인 중심으로 이루어지는 전통적인 방법에서는 각 사람들의 반응은 변인에 따라 정상분포로 나타난다고 가정하고, 각 변인별로 정해진 정상분포 내에서 각 개인이 속한 집단이 그 변인에서의 상대적 위치에 근거하여 개인차를 설명한다. 그러나 Q 방법론은 한 개인 내에서 대상에 대해 부여하는 다양한 의미를 찾으며 반응을 하는 사람들이 어떤 차이가 있는 지를 살펴보는 사람-중심적인(person-centered) 접근을 취한다(Gjerde, 2001).

둘째, Q 방법론의 자기 참조적(self-reference) 특성은 어떤 현상에 대해 반응하는 사람의 관점에서 반응자 스스로가 자신의 의견과 의미를 부여함으로써 개인의 의미구조를 반영하는 것이다. 즉, '자기 참조적', '의미부여' 과정을 통해 응답자 스스로가 "나에게 있어서", "나에게 그것은"과 같이 주관적인 관점에서 각각의 Q 진술문이 어떤 의미를 갖는 지에 대해 응답한다. 이것은 연구자에 의해 변인이 조작적으로 정의되고, 특정 요인으로 구분되어, 변인들의 위계가 정리되는 통계 분석의 가정과는 분명히 다르다(김홍규, 1996).

셋째, Q 방법론의 상호의사소통성(communicability)은 각 개인이 대상에 대해 부여하는 주관적인 견해가 서로 의사소통 가능하게 만든다. 전통적 심리학연구(R 방법)에서는 개인의 반응보다는 다수의 사람들이 특정 대상에 대해 보이는 반응을 외적 기준에 의해 집단 속에 평가하므로, 일반화시킨 결과만을 서로 소통할 수 있는 것으로 여겼다(Bruer, Mruck, & Ruth, 2002). 따라서 개인들 간에 공통적으로 비교할 수 있는 객관적인 사실을 찾는 데에 초점을 두었다. 그러나 Q 방법론은 어떤 객관적이고 규정된 사실을 밝히고자 하는 과정이 아니며, 옳고 그름이 없다. 단지 반응자가 나름대로 부여한 의미를 표현하면서 내적으로 일어나는 사고의 흐름을 반영하며 그 주관적 견해를 상호 소통할 수 있도록 집합이론과 요인분석이론을 통한 객관적 분석에 기초한다(김홍규, 1992).

(3) Q 방법론의 과정과 Q 분류결과의 처리

먼저, 연구자가 연구하고자 하는 사항들을 모집단(concourse)[5]으로 선정한다. Q 표본선정(Q-sampling)에는 크게 자연적 표본(naturalis-tinc Q-sample)과 기성화된 표본(Ready-made sample)이 있다. 자연적 표본은 면접이나 문헌 자료를 통하여 Q 표본이 될만한 문항 내지는 의견들을 선정하는 것이고, 기성화된 표본은 연구와 관계없는 외부적 측면을 반영하여 면접을 실시하거나 기존의 이론들에 합당한 것을 정하는 것이다. McKeown과 Thomas(1988)에 따르면 실질적으로 대개 혼합된 방법(Hybrid types)을 사용한다. Q 문항은 소수 집단을 대상으로 심층면접을 행하여 기본적인 문항들을 추출하는 비구조화된 문항작성법과 연구하고자 하는 기준이나 이론에 따라서 문항의 구조를 미리 설계하는 구조화된 방식으로 작성된다.

두 번째는 P 표본(P-sampling)의 설정과 Q 분류(Q-sorting)의 단계이다. 기존의 통계방법이 무작위 추출에 의해서 객관성을 보장받는 반면, Q 방법은 임의추출로서 표본을 선정한다. 표본의 수도 일반적으로 30명 정도이며, 이보다 더 많을 수도 있고 단 한 사람일 수도 있다. Q 분류는 Q 문항을 일정한 지침에 따라서 순위를 매기는 작업으로 응답자의 관점이 반영된다. 주로 이 지침

---

5) 연구주제에 대하여 사회구성원들 또는 일정하게 정해진 구성원들에 의해서 있을 수 있는 모든 문항들을 나타내는 것이다.

에는 강제분류(forced sorting)와 비강제분류(unforced sorting)가 있다. 전자는 응답자들이 Q 문항을 배열하는 데 있어서 정규분포 혹은 의사정상분포(quasi-normal distribution)에 따라 분류하는 것이며, 후자는 이러한 강제가 없이 자유롭게 배열하는 것이다.

세 번째는 Q 분류결과를 처리하는 단계이다. Q 방법은 Q 분류에 의해 대상자들 간의 상관을 내고 요인화하는 것이다. Q 분류할 때 부여한 점수를 바탕으로 사람 간에 피어슨의 적률상관계수가 계산된다. 이를 기초로 서로 높은 상관관계를 갖고 서로 군집을 이루는데, 요인분석[6]을 통해 바로 이 같은 군집을 찾아내게 된다. 피험자 간에 계산한 상관계수 행렬표를 바탕으로 공통요인이 추출되고, 이 요인분석 결과에 의해 재구성되어 요인배열이 이루어진다. 즉 각 요인의 피험자들의 요인가중치가 Spearman(1927)의 계산절차에 의해 산출되면, 각 문항마다 원점수를 반올림한 후 가중치를 곱하고 합한 후 Z 점수로 환산된다. 이어 각 항목의 Z 점수의 최대 혹은 최소까지 차례로 Q 분류에 사용된 강제분포의 형태를 적용시켜 정규화하면 요인점수가 얻어지며, 이것이 요인배열행렬이다(김헌수·원유미, 2000).

그리고 마지막 단계는 연구자가 이렇게 추출된 Q 요인(Q-factor)을 해석하는 것이다. 생성된 Q 요인은 비슷한 견해를 가진 응답자의 군을 나타내며, 일정한 주제에 대하여 사람들 간의 유사한 관점을 보여주게 된다. R 방법에서는 큰 부하량을 가진 사람들에

---

6) Q 방법은 일군의 변인에 관한 검사를 여러 사람에게 실시하고 얻은 점수를 사람 간에 상관계수를 계산하는 것이다. 즉 N 사람에게 검사를 실시하고 얻은 점수를 N 사람 간에 상관계수를 계산하여 요인을 분석한다. 반면, R 방법은 여러 사람에게 여러 변인에 관한 검사를 실시하고 여러 사람이 얻은 점수를 두 변인 간에 상관계수를 계산하는 것이다. 즉 여러 사람에게 N개의 검사를 실시하고 얻은 점수를 N개의 검사 간에 상관계수를 계산하여 요인을 분석한다.

게서 공통적인 것을 찾아서 추출한 요인을 해석하지만, Q 방법은 Q 진술문을 기초로 해석한다. Q 방법의 요인해석은 요인점수가 큰 진술문의 일람표를 만들고, 진술문에서 내용의 공통점을 검토하는 것이다. 주로 그 반응정도가 크게 나타나는 Q 문항들, 주로 표준점수(Z score)가 ±1.00 이상인 항목들에 대한 해석을 통해서 이루어진다.

(4) 본 연구목적과 Q 방법론의 적용

Q 방법의 유용성은 발견적(heuristic) 특성과 탐사적(exploratory) 특징에 관련된 것으로 발견을 통해 이론적으로 대안적 시각을 제공하는 데 있다(Kerlinger, 1972). 그래서 R 방법은 명확한 개념과 이론을 반영하는 변인들에 대한 차이로 사람들을 구분하는 반면, Q 방법은 개념이 명확하지 않거나 개인들의 해석이나 의미차이에 초점을 둘 때 개인들의 주관적 틀이 가진 차이로 사람들을 구분한다.

R 방법도 Q 방법처럼 연구자가 어떤 선험적인 경험을 가정하지 않을 때가 있는데, 그것은 주로 척도를 개발하는 사전조사 과정에서 나타난다. 예를 들어, 인터넷 서점 이용자의 웹 서비스에 대한 경험적 평가속성에 어떤 것들이 있는지를 알아보기 위해서 R 방법은 먼저 개방형질문이나 심층면접, 문헌자료를 내용 분석하여 문항들을 추출한다(김재휘·한미영·김현주, 2002). 여기까지는 Q 방법의 진술문을 만드는 과정과도 동일하다. 그러나 R 방법은 추출된 문항들에 대해 인터넷서점을 이용한 경험자들의 반응을 받아 문항들을 요인분석하여 문항들 간의 공통적인 속성을 찾고, 그 문항들 자체가 요인이 된다. 반면, Q 방법은 이렇게 추

출된 문항들을 사람들이 자신의 주관성에 따라 직접 분류하고, 분류패턴에 있어서 유사하게 반응한 사람들을 찾으며, 그 사람들의 묶음이 요인이 된다. 따라서 R 방법은 어떤 개념을 객관적으로 구분시켜주는 변인이나 문항들을 찾는 것이라면, Q 방법은 어떤 개념에 대한 서로 다른 관점(의미)을 가진 사람들을 찾는 것이다. Q 방법에서 발견된 문항들은 특정 주제에 대한 유사한 군집의 사람들이 갖고 있는 주관적인 관점이나 틀, 또는 의미구조의 특징을 보여주는 것이다.

Q 방법론의 특징은 한마디로 조작적 주관성(operant subjectivity)이다. 이는 어떤 정의나 개념을 미리 가정하지 않는다. 대신에 대상자들이 진술문을 분류하는 행동을 해석하고, 그 의미를 응답자의 주관성으로 해석하는 것이다. 기존의 R 방법론과의 가장 큰 차이는 응답자들의 자기 참조와 동떨어진 그 어떤 선험적 의미를 가정하지 않는다는 점이다. 다시 말해서 연구대상이 되는 심리적 경험을 어떻게 정의하고 이것이 개인에 따라 어떻게 다르게 나타날 수 있는가를 개념화하는 데 있어서 맥락(context)이 가장 중요한 것이다.

맥락은 연구대상이나 변인이 각 사람에게 다른 의미를 가질 수 있게 하며, 또 특정 사건에 대한 개인차를 유발하는 주요 요인이다. 맥락에 따라 동일한 사건에 대한 개인의 경험이 각기 다르게 나타날 수 있다는 사실은 심리현상에 대한 불변하는 외적 기준의 탐색보다는 서로 공유하고 의사소통할 수 있는 주관적 틀을 탐색할 필요성을 제기하는 것이다.

발달적 관점에서의 경력개발은 한 개인이 살면서 일과 관련된 활동 속에서 일어나는 심리적 경험의 변화과정이다. 따라서 경력개발에 대한 서로의 관점이 다를 수 있으므로, 개인의 내적 기준이나 주관적 틀에서 설명되야 할 문제인 것이다. 즉 개인의 맥락에 따른 주관적 틀을 파악하지 않고서는 경력개발에서의 개인차, 즉 다양성을 제대로 설명하기 어렵다.

　따라서 본 연구는 경력개발에 대한 표준적인 의미를 가정하지 않는다. 경력개발에 대해 사람들이 가진 태도, 신념, 확신, 가치, 견해 등과 같은 주관적인 반응을 통해서 경력개발에 대한 어떤 주관적 틀이 존재하는 지를 알아보고자 하였다. 즉, 연구자가 경력개발에 대한 조작적 정의나 변인을 설정하여 모든 사람들에게 동일하게 적용될 수 있는 것을 가정하지 않고, 개인이 경력개발 현상에 대해 가지고 있는 주관성을 있는 그대로 표현할 수 있도록 맥락에 따른 자기 참조적 적응방식을 알아내기 위한 목적으로 Q 방법론을 사용하였다. 이는 각 개인 간의 경력개발에 대한 심리반응이 어떻게 차이가 나는지에 초점을 두면서 그 차이가 개인이 그 현상에 대해 부여하는 의미나 해석에서 비롯되는 것을 보여주는 것이다. 경력개발에 대한 다양한 진술들에 대한 자기 참조적 반영으로 기능하는 경력개발에 대한 주관적 의미들을 발견하는 것이다.

Ⅲ. 연구문제

본 연구는 경력개발에 대해 모든 사람들이 보편적이고 이상적인 형태의 생각을 가지고 있는 것이 아니라 개인의 특성과 그 삶의 맥락 내에서의 경험들을 통해 만들어진 다양한 생각들이 있을 것이라는 전제하에서 그 같은 경력개발에 대한 다양한 생각들이 어떤 형태로 드러나는지를 살펴보고자 하였다. 그리고 주관적인 경력개발 사고방식유형마다 일하는 동기나 이직의도 등에 있어서 어떻게 다른 차이를 보이는지를 알아보고자 하였다

이를 위해 본 연구는 다음과 같은 연구문제를 해결하고자 한다.

〈연구문제 1.〉 경력개발에 대한 주관적 사고방식의 유형 추출

사람들이 갖고 있는 경력개발에 대한 사고방식이 어떤 유형으로 드러나는 지를 알아보기 위해서, 먼저 사람들의 조작적 반응에 의한 경력개발에 대해 갖고 있는 주관적 의미를 분류할 필요가 있었다. 이를 위해서 Q 방법론을 이용하였다. 이는 경력개발에 대한 다양한 가능성을 전제하며, 경력개발에 대한 다양한 문항을 피험자들이 직접 분류하게 함으로써, 경력개발의 주관성을 발견하고 경력개발에 관한 사고의 유형을 특징짓는 Q 요인들을 해석하였다.

〈연구문제 2.〉 표본집단들에서의 경력개발유형의 확인

〈연구문제 1〉에서 발견된 경력개발유형이 실제로 조직에서 일

하는 성인과 그렇지 않은 성인에게서 어떤 양상으로 나타나는지를 확인하였다. 그리고 각 경력개발유형의 특성을 구체적으로 기술하였다.

〈연구문제 3.〉 경력개발유형별 심리적 특성 비교

경력개발유형에 따라 일의 동기와 선호하는 보상, 주관적인 삶의 만족도, 그리고 이직의도에 있어서 구체적으로 어떤 차이가 나타나는지를 살펴보았다. 또한 경력개발유형과 개인의 라이프스타일 간의 관계를 살펴보고, 특히 라이프스타일의 어떤 가치들이 경력개발유형들을 특징적으로 구분하고 있는 지를 알아보았다.

따라서 본 연구는 두 단계로 조사되었다. 〈연구문제 1〉에서는 경력개발의 주관성유형을 추출하기 위한 〈1차 연구〉가 진행되었고, 〈2차 연구〉는 〈연구문제 1〉에서 발견된 Q 요인을 사용하여 조사대상자들이 어떤 경력개발유형으로 구분되는지를 확인하고 (〈연구문제 2〉), 측정하는 변인들에 있어서 어떤 차이가 나타나는지를 알아보기 위해(〈연구문제 3〉) 수행되었다.

Ⅳ. 〈1차 연구〉:
경력개발의 주관성유형 추출

경력개발에 대한 사람들의 주관성을 알아보기 위해서 Q 방법론을 사용하였다. Q 방법론은 행위자의 관점에서 출발하며 경력개발에 대해 갖고 있는 현재의 생각을 깊이 있게 측정하는 것을 가능케 한다.

〈연구문제 1〉을 수행하기 위한 본 연구의 구체적인 연구방법과 절차는 다음과 같다.

1. 연구방법

(1) 연구대상

2004년 7월 12일부터 25일까지 3주에 걸쳐 20대-30대의 학생과 직장인 남녀 51명을 대상으로 경력개발에 대한 진술문을 Q 분류시켰다. 본 연구에 참여한 응답자 중 남자가 27명으로 52.9%, 여자는 24명으로 47.1%를 차지해 거의 유사한 분포를 보였다. Q 분류에 참여한 응답자들의 평균연령은 28.3세였고, 연령대별로 20대가 64.7%를, 30대가 35.3%를 차지했다. 직업은 학생 51%와 직장인 49%로 서로 비슷한 분포를 보였다(표 1 참고).

60

표 1. 응답자의 인구통계학적 정보

		남 자		여 자		전 체	
		N	%	N	%	N	%
연령대	20대	19	37.3	14	27.5	33	64.7
	30대	8	15.7	10	19.6	18	35.3
직 업	학생	15	29.4	11	21.6	26	51.0
	직장인	12	23.6	13	25.5	25	43.1
	전체	27	52.9	24	47.1	51	100.0

(2) 측정도구 및 절차

㈎ Q 표본(Q-sample)

Q 표본을 만들기 위해서 경력개발에 관련된 국내외 문헌연구와 사람들과의 인터뷰, 경력개발에 관련된 전문서적 및 대중서적 등을 통해서 일반적으로 사람들이 갖고 있는 경력개발에 대한 다양한 개념, 신념, 태도, 가정, 의견 등을 수집하였다. 본 연구에서는 수집된 명제들을 정리하는 과정에서 몇 가지 공통된 특성을 발견하였다. 일반적으로 자신의 경력개발을 타인이나 사회적 시각에서 바라보는 특성이 반영된 명제들로서 경력개발방식의 보편성, 사회적 조건에 맞추는 타협과 고정적인 시간개념으로 정리되었다. 그리고 이런 특성에 대비하여 주관적 시각에서 바라보는 경력개발의 특성을 비교하였다(표 2 참고).

Q 모집단(Q-concourse)의 진술문을 작성하기 위해서 구조화된 방법을 사용하였고, 이를 위해 표 2의 경력개발의 관점에 따른 각 특성을 서로 대응시켜 차원으로 만든 후에 각기 진술문을 만들었다. 예를 들어, 보편적 모델−개별적 모델 차원의 특성을

반영하여 '일은 나 자신을 표현하는 한 가지 방법이다', '경력개발전문가의 조언은 좋은 말이지만, 실제로 내 문제를 해결하는 데 별 도움이 안 된다', '어떤 일을 하든 끊임없이 할 일을 찾아내고 그 일을 위해서 산다'와 같은 문항들을 만들었다. 타협－목적 차원에는 '좋아하는 일과 잘 하는 일이 다르기 때문에, 둘 중에 하나를 택해서 진로를 정해야 한다', '이직/전직하는 데 자기이해와 분석의 중요성은 지나치게 과대평가 되었다'와 같은 문항으로, 그리고 고정적시기－상대적시기의 차원에는 '해고는 전직할 수 있는 좋은 기회이다', '나이가 들어감에 따라 이전에 무시했던 가치나 관심사에 주목하게 된다', '일에서의 성공은 운칠기삼이다' 등으로 각 특성을 표현하였다. 이런 과정을 거쳐 120개의 Q 모집단을 정리하였다.

그 후 3명의 박사급 연구원들이 Q 모집단에 포함된 항목들 중 주제에 관한 대표성이 가장 크다고 생각되는 진술문을 30개씩 골랐고, 2명 이상이 공통적으로 뽑은 항목을 중심으로 선택하였다. 이는 전체적으로 모든 의견을 포괄하는 진술문들로서 최종적으로 67개 문항이 선정되어 Q 분류(Q-sorting)에 사용되었다.

표 2. 경력개발에 대한 두 가지 관점 비교

관점	특 성	설 명
보편적 관점	보편적 모델	누구에게나 적용되는 이상적이고 보편적인 경력개발 방식이 존재한다. 개인의 경력개발은 규범적이고 사회적인 기준에 의해 평가되고, 성공과 실패는 개인의 노력에 전적으로 달려있다
	타협	원하는 것만 하면서 살 수 없으니 무엇이든지 시작한다. 사회적, 규범적인 기준은 바꿀 수 없으니 상황에 맞춰 절충한다
	고정적 시기	경력개발은 나이와 적당한 시기가 존재한다. 한번 들어선 방향은 바꾸기 어려우니 시작을 잘 해야 한다
주관적 관점	개별적 모델	개인 삶의 맥락 내에서 의미 있는 경험으로서의 경력개발방식은 개인마다 다르다. 그것은 개인의 내적기준에 의해 평가되고, 다양한 원인들이 복합적으로 작동하여 일어난다
	목적(원칙)	무엇을 선택하고 결정함에 있어서 자기 삶의 목적과 가치를 추구한다. 자신을 누가 언제 보느냐에 따라 하는 일이 달리 보이므로 자신을 중심으로 상황을 맞춘다
	상대적 시기	연령과 시기는 심리적인 문제이므로 경력개발에 적령기는 없다. 기회와 방향은 우연에 의해 발현되는 문제이다

㈏ P 표본(P-sample)

Q 방법에서 경력개발에 대한 개인의 주관성을 알아보기 위한 조사대상자의 수는 문제되지 않는다. Stephenson(1978)은 주로 그 주제에 특별한 흥미가 있는 사람, 공평한 의견을 제시할 수 있는 사람, 그 주제에 있어 권위가 있거나 전문가, 일반적인 관심이 있는 사람, 그 주제에 관해 정보가 어둡거나 흥미가 없는 사람 등 5가지 집단에 의해 잘 평가될 수 있다고 추천하였다. 따라서 본 연구에서는 경력개발에 대한 생각이 별로 없는 대학의 저학년의 학생들, 진로문제를 앞둔 대학생들, 대학원생들, 그리고

실제로 직장에서 일하고 있는 성인 남녀를 대상으로 33명의 20대와 18명의 30대를 P 표본으로 선정하였다.

㈐ Q 분류(Q-sorting)

Q 표본과 P 표본의 선정이 끝나게 되면, P 표본으로 선정된 각 응답자에게 일정한 방법으로 Q 표본을 분류하도록 하고, 이를 Q 분류라고 부른다. Q 분류는 복잡한 주제나 이슈 또는 상황에 관한 피험자 개인이 자신의 마음을 스스로 모형화하는 것으로 응답자는 진술문을 읽은 후 그것을 일정한 분포 속에 강제로 분류하게 된다. 이런 '강제분류(forced Q-sorting)'방법은 정상분포에 기초하여 연구자가 정해놓은 숫자에 맞춰 응답자가 카드를 분류하는 것이다. 이 방법을 사용하면 평균과 표준편차가 동일해지므로 응답자의 오류와 편향을 줄여준다고 보았다. 즉, 극단에 치우쳐서 평정하려는 경향과 같은 평정자의 주 효과가 통제되는 것이다(Ozer, 1993). 따라서 본 연구에서도 이 방법을 사용하였다

각 진술문은 13cm × 7.5cm의 카드에 한 장마다 한 개씩의 항목을 기록하여 총 67장의 카드를 만들었다. 그리고 응답자는 각각의 진술문을 읽고 경력개발에 대한 자신의 생각과 일치하거나 동의하는 것과 그렇지 않은 것, 중립으로 크게 3개 그룹으로 분류한 다음에 동의한 진술문 중에서 가장 동의하는 정도에 따라 차례로 다시 분류하는 방식으로 진행하였다. 즉 응답자는 자신의 생각과 일치하는 정도에 따라 각 카드를 강제 분류로 1점('전혀 동의하지 않는다')부터 11점('매우 동의한다')까지 분류하였다. 가운데 6점 항목에는 13개 문항을 배열하도록 하였고, 다른 항목에는 각 점수별로 진술문을 달리 배열하도록 하였다(표 3).

①로 갈수록 자신의 생각과는 반대로 기술되었거나 동의하지

않는 진술문을 담은 카드를 배치시킨다. ②의 가운데로 분류되는 카드는 자신의 생각과 일치하는 정도가 보통 정도이거나 그 진술문에 대해 판단을 내릴 수 없는 불확실하고 모호한 상태에 해당되는 것들이다. ③으로 갈수록 자신의 생각과 일치하거나 매우 동의하는 문항을 배치시키도록 하였다. 이렇게 Q 분류를 하는데 대개 40분 정도 소요되었다.

표 3 경력개발에 관한 67개 문항 Q 분류 배치표

	동의하지 않음 ← ①			중립(판단하기에 애매함) ②					동의함 ③ →		
점 수	1	2	3	4	5	6	7	8	9	10	11
강제 할당된 카드수	2	3	4	7	11	13	11	7	4	3	2

㈃ 자료처리 및 분석방법

P 표본으로 표집된 51명에 대한 자료수집이 완료된 후, 수집된 자료를 코딩하여 컴퓨터에 입력시켰다. 코딩은 Q 표본의 분포도에 기록된 진술문항 번호를 확인해 가면서 전혀 동의하지 않는 경우는 1점, 가장 동의하는 것을 11점으로 점수를 입력하였다.

자료의 분석은 QUNAL PC Program을 이용하여 처리하였고, 여기서의 Q 요인분석은 주 요인분석(Principal Component Factor Analysis, varimax)방법이 이용되었다. 이때 Q 방법론에서 요인 간의 상관관계는 각 요인 간의 완전한 독립성을 전제로 하지 않기 때문에 상관계수의 높고 낮음에 따른 요인 추출방법의 논란은 제기되지 않는다(김헌수·원유미, 2000).

2. 결 과

(1) 주관적 반응으로서 Q 유형(Q-factor)의 해석

QUNAL 프로그램을 이용한 Q 유형(Q-factor)은 변량 극대화 (varimax)를 바탕으로 추출한 것이 채택되어 네 가지 유형이 나타났다. 네 가지 유형은 전체 변량의 44.1%를 설명하고 있으며 각 유형별 설명력을 보면 제1유형은 26.9%, 제2유형은 8.1%, 제3유형은 5.0%, 제4유형은 4.1%였다(표 4).

**표 4. 경력개발유형의 요인고유치(eigen value)와
       총변량 비율(N=51)**

	제1유형	제2유형	제3유형	제4유형
요인고유치	13.73	4.13	2.54	2.07
총변량비율(%)	26.93	8.09	4.98	4.06
누적변량(%)	26.93	35.01	39.99	44.06

각 Q 유형들은 P 표본들이 경력개발에 대해 가지고 있는 주관적 틀에 따라서 비슷한 의견이나 생각, 태도 등을 가진 사람들로 분류된 것으로, 각 유형에 해당되는 진술문들이 그 특성을 설명하게 된다. 이때 각 Q 유형은 긍정적으로 반응한 문항들(문항에 대한 동의정도가 높은 문항들)과 부정적으로 반응한 문항들 (문항에 대한 동의정도가 낮은 문항들)을 중심으로 그 특성이 기술된다. 주로 표준점수가 ± 1.00 이상인 항목을 중심으로 유형의 특성이 기술된다. 본 연구에서는 +1.00 이상의 표준점수를

가진 문항들 중에서 가장 높은 점수부터 10개 문항을, -1.00 이상의 표준점수를 가진 문항들 중에서 가장 낮은 점수부터 10개 문항을 추출하였다. 이렇게 추출된 진술문집단은 각 유형의 2개 문항요인, 즉 각 유형의 긍정적 반응문항요인과 부정적 반응문항요인으로 보았다. 부록 1에는 8개의 Q 문항요인과 그에 해당되는 10개 문항, 그리고 표준점수, 평균과 표준편차가 제시되었다.

 Q 방법의 요인분석7)은 요인 간의 완전한 독립성을 전제로 하지 않기 때문에 어떤 요인에 해당되는 문항이 다른 요인에 해당되기도 한다(김헌수·원유미, 2000). 즉 어떤 문항은 특정 요인에만 고유하게 등장하는 대표문항들이기도 하고, 또 다른 문항들은 2-3개의 요인에서 중복되어 나타나기도 한다. 이것은 Q 방법론의 특성인 주관성을 보여주는 것이다. 즉 동일한 문항일지라도 그것이 다른 문항들과의 관계 속에서 전혀 다른 의미로 해석될 수 있는 것이다. 예를 들어, '경력전환에 성공하려면 사회변화와 흐름을 잘 파악하는 것이 중요하다'는 문항이 자기 주도성 요인에 있을 때와 상황주도성 요인에 속할 때, 이 문항의 주관적 의미는 서로 다르게 해석된다. 따라서 각 유형에서 긍정적 동의를 보인 문항들이든, 부정적 동의를 보인 문항들이든 간에, 이것은 경력개발에 대한 서로 다른 주관적 의미를 보여주는 것이다. 그러므로 유형에 국한되지 않고 추출된 문항들이 드러내는 공통적인 의미를 도출하여 요인의 특성을 분명하게 나타낸다.

 본 연구는 경력개발에 대한 다양한 주관성을 발견하는 것이 목적이므로 각 유형의 긍정적 반응문항들과 부정적 반응문항들

---

7) 반면 R 방법의 요인분석에서 나온 요인들은 완전한 독립성을 전제로 한다. 즉 특정 요인에 속한 어떤 문항은 그 요인의 의미만으로 받아들여야 하는 것이다. 즉, R 방법에서 한 검사 또는 검사의 각 문항에 대한 반응이 다른 검사나 다른 문항에 영향을 미치지 않는다.

을 별개의 요인으로 다루었다. 이는 한 개인이 특정 경력개발유형의 특성을 전혀 갖고 있지 않거나, 특정 경력개발유형만을 완전히 갖고 있다고 규정할 수 없다는 연속적인 관점을 취하는 것이다. 어떤 현상에 대한 개인의 총체적 반응(시각, 생각, 이미지 등의)은 주관적이고 쪼개어 분석할 수 없는 것이다(황상민·최은혜, 2002). 따라서 〈1차 연구〉에서 발견된 8개 Q 요인은 〈2차 연구〉에서 한 개인을 특정 경력개발유형으로 분류하는 데 사용될 것이다. 이는 한 개인 내에서 경력개발에 대한 8개의 주관성 요인이 어떤 프로파일패턴으로 드러나는지를 살펴보는 것으로 경력개발에 대한 개인의 내적구조의 특성을 보다 뚜렷하게 파악할 수 있으리라 추측된다.

표 5에는 8개의 Q 요인과 그 특징에 관한 설명, 그리고 각 요인에만 대표적으로 나타나는 문항이나 표준점수가 높은 문항을 중점적으로 제시하였다. 8개의 Q 요인들은 다음과 같다.

표 5. 8개의 Q 요인별 대표문항들과 특성

요인 명	문 항	특 성
요인 1. 내적가치 중시	· 주변사람(가족, 친구, 친지)이 뭐라 해도 내가 원하는 일이라면 기어이 하고야 만다 · 일은 돈버는 수단이 아니라 자기 성장의 과정이다 · 내가 재밌고 원하는 일이면, 보수가 얼마든지 상관없이 일한다 · 내가 하는 일과 관련하여 찾기만 하면 새로운 기회는 언제든 있다 · '기다리는 자에게 좋은 일이 생기듯이' 포기하지 않고 일하면, 언젠가는 보상을 받는다	주관적 가치를 적극적으로 추구. 내적 만족감이 중요함
요인 2 시간규범 중시	· 졸업 후 3년 이내 직업을 갖지 못하면 그 사람은 문제가 있다 · 20대에 진로를 잘못 선택하게 되면, 40대 이후에는 돌이킬 수 없게 된다 · 시행착오를 통해 경력을 개발하는 것은 어리석다 · 나이 때문에 원하지도 않는 직장생활을 계속 한다	시간(시기)에 관련된 인습적 규범을 중시하고, 벗어나지 않기 위해서 노력
요인 3 상황 주도성	· 하고 싶은 일만 하면서 성공한 사람은 별로 없다 · 어떤 경력변화든지 단 하나의 진정한 자기 모습을 찾아야만 가능하다는 것은 환상에 불과하다 · 직업을 바꿔야 할 때는 타이밍이 가장 중요하다 · 일에서의 성공은 '운칠기삼'이다 · 사회에서 내가 어떤 사람인지는 나의 직업이 말해준다	개인의 속성(노력, 능력)보다 환경적 요인의 중요성을 강조.
요인 4 자기 주도성	· 남과 다른 독특한 경험을 할 수 있다면, 보수나 직위는 문제되지 않는다 · 20대의 실패는 인정될 수 있지만, 30대 이상의 실패는 개인의 무능력함에 대한 증거이다 · 이직은 몸값의 상승이나 능력인정을 의미한다 · 열심히 일하다 보면 돈은 저절로 따라온다	환경적 요인보다 자기 확신과 통제감에 기반하여 자기 주도적으로 외적평가를 인정

요인 명	문 항	특 성
요인 5 경력 준비성	· 자기 일에서의 성공은 개인노력의 결과이므로, 실패의 책임도 개인에게 있다 · 아무리 재밌고 성취감을 느끼는 일도 그에 상응하는 보수나 인정을 받지 못하면 소용없다 · 비즈니스 이벤트 행사나 각종모임에 적극적으로 자신을 소개한다 · '일찍 일어나는 새가 먹이를 잡는다'는 속담은 정말 맞다 · 임원이든, 경력이든, 신입이든 컴퓨터와 영어 준비는 기본이다 · 다음 직업이 정해지지 않은 상태에서 대책 없이 직장을 그만둘 수 없다	외적 조건에 맞추기 위해 현실적으로 필요한 구체적인 노력과 준비를 중시
요인 6 경력 관념성	· 해고는 전직할 수 있는 좋은 기회이다 · 직장은 대략 3-5년에 한번씩 옮겨 몸값을 높이는 게 좋다 · 사회에서 인정하는 뜨는 직업에 종사하는 것이 성공하는 지름길이다 · 좋아하는 일을 할 수 있다면, 보수 없이 최소 1년은 일할 수 있다 · 좋아하는 일을 하며 사는 것은 먹고 살 걱정이 없는 사람들이 하는 얘기다 · 경력개발은 시간이 지남에 따라 자연스럽게 이루어지는 것이다	주변에서 유행하는 명제를 수용, 경력에 대한 대세적이고정관념적인 가치를 동시에 수용
요인 7 외적가치 중시	· 나만의 가치를 높일 수 있다면, 언제든 이직할 수 있다 · 경력전환에 성공하려면 사회변화와 흐름을 잘 파악하는 것이 가장 중요하다 · 나는 성공한 사람들과 함께 일함으로써 성공할 수 있다고 생각한다 · 연봉은 내 능력의 가치이자 성공의 지표이다 · 어디서 일을 시작했느냐가 나중에까지 중요한 영향을 미치므로 첫 직장이 중요하다 · 학위나 자격증보다 실무경력이 더 중요하다	물질과 명예, 직위 등 외적 지표로 개인의 능력과 성공을 평가

요 인 명	문 항	특 성
요인 8 경력 경직성	· 직업을 자주 바꾸는 사람은 삶의 목표가 불분명한 사람이다 · 아무리 좋아하고 재미있어 하는 일도 직업이 되면 재미가 없어지는 법이다 · 원하는 일이나 직장이 아니라도 일단 취직하고 본다 · 나는 회사에 남아있기 위해서 부여되는 일이라면, 무엇이든지 다 한다 · 이력서만으로 그 사람이 얼마나 유능한지를 알 수 있다	전통적인 직업가치관을 그대로 반영하는 경직된 특성, 일과 여가의 분리, 도구적 가치로서 일 의미

요인 1에 해당되는 문항집단들은 주관적인 가치를 적극적으로 추구하므로 이를 '내적가치중시'요인이라 이름 붙였다. 요인 2는 시간에 관련된 인습적인 규범을 중시하고 벗어나지 않기 위해서 노력하는 성향이 보이므로 '시간규범중시'라고 명명했다. 요인 3은 개인의 능력이나 노력보다 상황적/환경적인 요인의 중요성을 강조하는 것으로 '상황주도성'이라 명명했고, 요인 4는 환경적 요인보다는 자기 확신과 통제감에 기반하여 자기 주도적으로 외적 평가를 수용하는 것이 강조되어 '자기 주도성'으로 명명했다. 요인 5는 외적 조건에 맞추기 위해 현실적으로 필요한 구체적인 노력과 준비를 중시하므로 '경력준비성'으로, 요인 6은 주변에서 유행하는 좋은 명제들을 따르는 성향을 보이므로 '경력관념성'이라고 이름 붙였다. 요인 7은 연봉과 명예, 직위 등 외적지표로 개인의 능력과 성공을 평가하는 경향이 있어 '외적가치중시'라는 명칭을 부여했고, 요인 8은 전통적인 직업가치관이 반영되는 경직된 특성을 보이기에 '경력경직성'이라고 이름 붙였다.

(2) 경력개발에 대한 4가지 주관성유형

전체 연구대상자 51명 가운데 제1유형에 속한 사람은 17명, 제2유형은 10명, 제3유형은 8명, 제4유형은 16명으로 분류되어 나타났다. 표 6에는 경력개발에 대한 사람들의 주관성유형과 그 반응의 특성에 대해 간략하게 정리되어 있다.

제1유형 사람들의 특성은 긍정적으로 반응한 요인 1 문항들과 부정적으로 반응한 요인 2 문항들로 해석된다. 이 유형은 특정한 시기나 고정된 시간에 얽매이지 않고 내적가치를 추구하는 것을 중요하게 여기는 부류로 해석될 수 있다. 제2유형 사람들의 특성은 상황주도성(요인 3)과 자기 주도성(요인 4) 문항반응으로 해석된다. 이 문항들로 반응한 사람들은 경력개발에 있어 개인적 요인보다는 개인이 통제할 수 없는 상황적 요인을 중요하게 여기는 부류이다. 제3유형은 요인 5(경력준비성)와 요인 6(경력관념성)으로 표현된 사람들로서, 이들은 경력개발에 대해 전형적이거나 유행하는 보편적인 명제를 따르기보다 개인이 구체적이고 현실적으로 노력할 수 있고 준비할 수 있는 것에 초점을 맞추는 부류이다. 제4유형의 사람들은 요인 7(외적가치중시)과 요인 8(경력경직성)로 반응하였다. 이들은 전통적인 직업가치관을 갖고 있지는 않지만, 사회적으로 개인의 능력과 노력을 인정받고 자신의 가치를 평가받는 것을 중시하는 유형이다.

표 6. 4개 유형과 8가지 문항집단(요인)의 반응특성

	N	대표적 긍정반응	대표적 부정반응	특　징
제1유형	17	요인 1	요인 2	내적가치성취 중시, 시간규범 무시
제2유형	10	요인 3	요인 4	상황주도성 중시, 개인주도성 무시
제3유형	8	요인 5	요인 6	경력준비성 중시, 경력관념성 무시
제4유형	16	요인 7	요인 8	외적가치성취 중시, 경력경직성 무시
전　체	51			

V. 〈2차 연구〉:
경력개발유형의 특성연구

1. 연구목적

〈1차 연구〉를 통해서 사람들이 경력개발에 대해 가지고 있는 주관적 가치와 믿음의 틀을 확인했다. 그 결과 경력개발에 대한 사람들의 가치와 믿음은 크게 4가지 유형으로 구분되는 것으로 나타났으며, 그 4가지 유형에 속한 사람들이 가장 선호하는 문항의 묶음과 가장 지양하는 문항의 묶음을 통해 경력개발에 대한 주관적인 가치와 믿음의 요인이 확인되었다. 따라서 본 연구에서는 〈1차 연구〉의 Q 분석을 통해 추출된 8개 가치를 경력개발에 대해서 사람들이 가지고 있는 주관적 가치를 반영하는 핵심요인으로 설정했다. 그리고 이 요인들에 대한 사람들의 반응패턴을 분석하여 실제로 어떤 주관적 유형들이 두드러지게 나타나는지를 확인하기 위해 수행되었다.

먼저 경력개발에 관한 8개의 Q 요인에 대한 사람들의 반응을 통해서 실제로 어떤 요인에 대한 반응이 많은지를 알아보고, 각 유형으로 분류된 사람들이 보인 8개 Q 요인의 반응패턴을 통해서 각 유형의 표준적인 프로파일을 찾는다. 이를 근거로 경력개발유형의 특성을 유추하여 각 유형의 상세한 특징과 유형구분의 기준을 설정하고자 하였다. 전체 응답자를 대상으로 개별 프로파일 양상이 경력개발유형의 표준프로파일 중에서 어느 유형과 가장 잘 일치하는지를 판단하는 방법을 사용하여 개인의 경력개발유형을 분류하였다. 각 유형들이 인구통계학적 특성과 행동적 특성에 있어서 구체적으로 어떻게 다른지를 살펴봄으로써, Q 방법을 통해 발견된 경력개발유형이 현상학적으로 어느 정도로 타당하게 존재하는지 그리고 무엇을 설명할 수 있는지를 알아보았다.

(1) 표본집단들에서의 경력개발유형의 확인

먼저, 〈1차 연구〉에서 나온 8개 Q 요인에 대한 사람들의 반응을 통해 실제 표본에서 몇 가지 유형이 나오는지를 확인하고, 각 유형이 8개 요인의 값에 따라 어떤 프로파일을 갖고 있는지를 살펴보았다. 유형의 전형적인 프로파일을 토대로 각 유형의 특성을 정리하고, 표준프로파일에 기초하여 유형을 분류하는 기준들을 마련한 다음에 사람들이 어떤 유형에 속하는지를 다시 확인하였다. 이를 통해 8개 요인의 프로파일에 의한 경력개발유형들이 실제로 인구통계학적인 변인에 따라 어떻게 분포되고, 기업의 규모와 직급에 따라서 어떤 분포의 차이가 있는지를 알아보았다.

(2) 경력개발유형과 경력행동에서의 차이

〈연구문제 3〉에 대한 것으로 경력개발유형별로 일의 동기와 선호하는 보상, 삶의 주관적 만족도, 그리고 이직의도에서 보이는 특성을 파악하고, 개인의 라이프스타일과는 어떤 관련성이 있는 지를 살펴보았다.

2. 연구방법

(1) 연구대상

서울시에 근무하는 직장인과 대학생 20대 ─50대 남녀 624명을 대상으로 설문조사를 실시하였다. 조사는 2004년 11월 8일부터 17일까지 약 10일간에 걸쳐 이루어졌다. 설문지는 업종에 따라 각기 KTF, KT 등의 정보통신/IT업계(21.6%), 삼성전자와 르노 삼성자동차 등의 전자/제조업계(22.2%), 제일화재와 대우증권 등의 금융권(15.4%). 광고/리서치/인테리어와 같은 다양한 분야 (25.8%), 그리고 연세대학교 단과대별(문과대, 사과대, 경영대, 체교대, 공대) 대학원(14.9%)에 배포되었다. 그러나 생산직에 종 사하는 36명의 고졸 여성은 학력의 편차가 너무 커서 표본에서 제외하였고, 50대인 7명도 분석에서 제외하여 최종적으로 582명 의 자료를 사용하였다.

(2) 측정도구

㈎ 경력개발유형에 관한 문항

경력개발의 유형을 알아보기 위해서 〈1차 연구〉에서 추출된 8 개 Q 요인으로 이루어진 48개 문항이 사용되었다(부록 1). 각 문 항에 대해 응답자는 자신이 동의하는 정도에 따라 6점의 Likert 척도로 평정하였다(1: 전혀 그렇지 않다 ~ 6: 매우 그렇다). 이 문항들에 대한 한 개인의 반응값은 8개 요인값으로 구성된다(① 내적가치중시, ② 시간규범중시, ③ 상황주도성, ④ 자기 주도성, ⑤ 경력준비성, ⑥ 경력관념성, ⑦ 외적가치중시, ⑧ 경력경직성).

8개 요인은 표준점수 ±1.00 이상인 각기 10개 문항으로 구성되며, 여기에는 각 요인에만 고유한 대표문항들과 요인 간의 중복문항들이 포함되어 있다.

이때 각 요인마다 고유한 대표문항의 개수와 중복문항의 개수가 서로 달랐고, 각 요인의 대표문항이나 두 유형에서 중복되거나 세 유형에서 중복되는 문항의 특성이 보다 분명하게 반영될 필요가 있었다. 따라서 단순히 각 요인의 문항들을 합산하는 것보다는 문항별 특성에 따라 가중치를 주는 것이 낫다는 연구자의 판단에 따라 각 요인별 대표문항에는 1.5의 가중치를 주고 2개 요인에서 중복되는 문항은 1.3의 가중치를, 세 유형에 중복되는 문항에는 가중치를 주지 않은 다음에, 요인별로 합산한 평균값을 각 요인에 대한 개인의 반응값으로 사용하였다.

본 연구에서의 신뢰도는 Cronbach α=.79였고, 8개의 Q 요인별 신뢰도는 다음과 같다: ① 내적가치중시(.59) ② 시간규범중시(.63) ③ 상황주도성(.59) ④ 자기 주도성(.50) ⑤ 경력준비성(.68) ⑥ 경력관념성(.48) ⑦ 외적가치중시(.66) ⑧ 경력경직성(.56)

여기에 사용된 문항들과 요인이 실제로 유형을 구분하는 기준으로서 작동될 수 있는지를 알아보기 위해 R 기법의 요인분석(principal component analysis, varimax)을 실시했다. 스크린 플럿에서 요인고유치(eigen value)가 1.30이상이며, Q 요인분석의 개수인 8개 요인을 지정하였더니 전체변량의 41.1%를 설명하였다. 이 결과는 Q 요인분석을 통해 나온 요인의 문항들이 경력개발유형을 구분하는 타당한 척도가 될 수 있음을 보여주는 간접적인 자료이다. 각 요인마다 문항요인값이 .30 이상인 문항들만 추출하였을 때 총 46 문항으로 정리되었다(부록 2).

㈁ 라이프스타일

본 연구에서는 황상민·양진영·강영주(2003)의 연구에서 정리된 한국인 라이프스타일 척도를 사용했다. 한국인 라이프스타일 척도는 Triandis(1995)의 개인-집단주의와 수직-수평주의 하위영역에 관한 4개 요인 16문항을 포함한 총 55문항으로 이루어졌다. 각 하위영역은 다음과 같다: ① 가부장적태도(문항), ② 남아선호(4문항), ③ 사이버보헤미안(5문항), ④ 개방성(5문항), ⑤ 부르조아(6문항), ⑥ 여피(4문항), ⑦ 전통가치(5문항), ⑧ 사회의식(4문항), ⑨ 수직-개인주의(VI, 4문항), ⑩ 수직-집단주의(VC, 4문항), ⑪ 수평-집단주의(HC, 4문항), ⑫ 수평-개인주의(HI, 4문항). 응답자들은 자신의 생활방식과 가치를 고려하여 자신이 동의하는 정도를 Likert 척도형식(1: 전혀 그렇지 않다 ~ 6: 매우 그렇다)에 따라 평정하였으며, 모든 응답값들은 표준화하여 분석에 사용하였다. 한 개인의 개별 프로파일 양상이 5개 표준프로파일(물질주의적 신봉건형, 개인주의적 보보스형, 현실주의적 동조형, 공동체적 개방형, 전통주의적 보수형) 중에서 어느 유형과 가장 일치하는지를 판단하는 방법을 사용하여 개인의 라이프스타일을 판정하였다. 이때 사용되는 기본적인 기준은 부록 3과 같다. 본 연구에서 사용된 척도의 신뢰도는 Cronbach α=.86이었다.

㈐ 주관적 삶의 만족도

개인적 수준의 삶의 질을 측정하기 위해 Campbell(1981)의 주관적 삶의 질 척도(Index of Well-Being)를 사용하였다. 이 척도는 최근의 경험에 대한 감정을 측정하는 8문항과 전반적인 삶의 만족도를 재는 단일문항의 두 가지로 구성되어있다. 삶에 대한 느낌을 측정하는 문항은 두 개의 형용사를 짝지어 제시하였다

78

(재미있는-지루한, 즐거운-비참한, 가치 있는-쓸모없는, 우호적인-외로운, 가득 찬-텅 빈, 희망적인-비관적인, 보람 있는-실망스런, 행운이 따르는-운이 없는). 원래 7점 척도였으나, 본 연구에서는 다른 척도들과의 일관성을 위해서 6점 척도로 바꾸어 사용하였다. 모든 문항의 점수를 합산하여 점수가 높을수록 주관적인 삶의 만족도는 높은 것임을 의미한다(총점수의 범위: 6점-54점). 본 연구에서 신뢰도(Cronbach)는 α=.83이었다.

직장생활의 불만을 알아보기 위해서 5개 항목이 사용되었다. 응답자는 각 항목에 대한 자신의 불만정도를 6점(1: 전혀 그렇지 않다 ~ 6: 매우 그렇다)으로 평정하였다. 여기에 사용된 항목은 다음과 같다: ① 보수가 적정하지 못함, ② 상관/동료로부터 인정받지 못하고 관계가 원만하지 못함, ③ 일이 지루하거나 하는 일에 대한 재량권과 책임감이 없음, ④ 근무조건(작업환경)이 나쁨, ⑤ 주어진 일을 만족스럽게 완수하지 못함.

㈐ 이직의도

이직의도를 알아보는 척도는 Lawler(1983)의 4개 문항 척도를 사용하였다. 척도는 본래 5점으로 측정하였으나, 여기서는 6점으로 바꾸어 측정하였다. 척도에는 '나는 가끔씩 지금의 직장을 그만두고 싶다는 생각을 한다', '보다 나은 조건의 타 직종이 주어진다면, 언제든 이직할 의사가 있다'와 같은 문항들이 포함되었다. 총점수의 범위는 4점부터 24점으로 점수가 높을수록 이직의도가 높은 것을 의미한다. 본 연구에서의 신뢰도는 Cronbach α=.81이었다.

전직이나 이직을 어렵게 만드는 정도를 알아보기 위해서 4개 항목이 사용되었고, 그 항목들은 다음과 같다: ① 수입(소득)의 상실, ② 새로운 것을 시도해보는 것에 대한 실패의 두려움, ③

현 상황의 변화로 인해 벌어질 불확실함(안정성의 상실), ④ 자신의 나이에 적당한 기회가 없음. 응답자는 각 항목에 대해 자신의 어려움 정도를 6점(1: 전혀 그렇지 않다 ～ 6: 매우 그렇다)으로 평정하였다.

㈐ 일의 동기 및 선호보상

본 연구에서는 일하는 동기와 선호하는 보상을 알아보기 위해서 4개의 문항이 사용되었다. 동기와 관련된 질문은 활력이 넘치는 시기, 일을 하는 주요 동기, 그리고 직장선택의 기준에 관한 항목이었고, 보상에 관련된 질문은 22가지의 보상 중에서 가장 받고 싶은 것을 3가지 골라서 1위부터 3위까지 순위를 매기도록 하였다. 선호하는 보상으로 제시된 항목들은 다음과 같다: ① 실적포상금, ② 퇴직금, ③ 연공제, ④ 연봉제, ⑤ 성과배분제, ⑥ 스톡옵션, ⑦ 근속포상금, ⑧ 정년보장, ⑨ 복리후생(의료, 휴가경비, 연금지원), ⑩ 자녀양육지원(육아휴직), ⑪ 상사/동료의 인정과 지원 및 팀웍, ⑫ 공식적 인정(상장, 메달)과 특권제공, ⑬ 고객/헤드헌터의 인정, ⑭ 교육기회(해외연수), ⑮ 고속승진, ⑯ 원하는 부서로의 이동, ⑰ 안식년, ⑱ 포상휴가(여행), ⑲ 자율적 근무(재택근무, 변동시간근무), ⑳ 여가활동지원, ㉑ 휴가일 자율선택, ㉒ 정시출퇴근보장

3. 결 과

(1) 인구통계학적 분포

설문 응답자 중 남자가 378명으로 65.1%를 차지했으며, 여자

는 203명으로 34.9%를 차지했다(표 7). 응답자들의 연령범위는 20세부터 49세까지 분포되어 있고, 이들의 평균연령은 30.9세로 나타났다. 연령대별로 살펴보면, 20대(45.2%)와 30대(46.7%)가 거의 비슷한 비율을 차지했고, 40대는 8.1%에 불과했다.

결혼 여부에 있어서 기혼이 47.6%, 미혼이 52.4%로 나타나 미혼의 비율이 약간 높았다. 학력에 있어서 전문대졸은 8.6%, 대졸이 68.5%, 그리고 대학원졸이 22.9%를 차지하여 대졸의 비율이 가장 많았다. 직업별로 살펴보면, 관리직이 50.2%로 가장 많은 비율을 차지했고, 전문직 25.8%, 석사과정생 11.3%, 판매직 7.0%, 박사과정생 4.0%, 기타 1.7%의 순으로 나타났다.

현재 다니는 직장의 규모 및 종류에 있어서 1,000명 이상의 대기업이 51.3%로 절반을 차지했고, 1,000명의 미만의 중소기업이 34.6%, 학교(대학원)가 15.1%를 차지했다. 직급별로 사원이 33.1%로 가장 많은 비율을 차지했고, 대리 25.5%, 과장 20.7%, 팀장 8.0%, 부장급 이상 3.8%, 그리고 기타 응답 8.8%의 비율을 보였다. 응답자들의 급여수준을 살펴보면, 2천만 원 미만이 16.0%, 2천-2천5백만 원 11.0%, 2천5백-3천만 원 15.7%, 3천-3천5백만 원 14.9%, 3천5백-4천만 원 11.4%, 4천-4천5백만 원 10.2%, 4천5백-5천만 원 9.6%, 5천만 원 이상 11.4%로 나타났다. 이직경험의 여부에 있어서 '없다'가 52.1%, '있다' 47.9%로 이직경험이 없는 사람의 비율이 다소 많았다. 이직이 불가능하다고 생각하는 비율에 있어서 '그렇다'는 25.8%였지만, '그렇지 않다'는 74.2%의 비율로 아주 많았다.

표 7. 응답자의 인구통계학적 정보

		남 자		여 자		전 체	
		N	%	N	%	N	%
연령대	20대	109	18.8	153	26.3	262	45.1
	30대	224	38.6	48	8.3	272	46.8
	40대	45	7.7	2	0.3	47	8.1
결혼여부	기혼	226	39.1	49	8.5	275	47.6
	미혼	149	25.8	154	26.6	303	52.4
학력	전문대졸	21	3.6	29	5.0	50	8.6
	대졸	284	48.9	114	19.6	398	68.5
	대학원졸	73	12.6	60	10.3	133	22.9
직업	전문직	81	14.1	67	11.7	148	25.8
	관리직	221	38.5	67	11.7	288	50.2
	판매직	34	5.9	6	1.0	40	7.0
	석사과정	26	4.5	39	6.8	65	11.3
	박사과정	10	1.7	13	2.3	23	4.0
	기타	2	0.3	8	1.4	10	1.7
직급	사원	87	17.5	78	15.7	165	33.1
	대리	94	18.9	33	6.6	127	25.5
	과장	93	18.7	10	2.0	103	20.7
	팀장	34	6.8	6	1.2	40	8.0
	부장급 이상	18	3.6	1	0.2	19	3.8
	기타	17	3.4	27	5.4	44	8.8
연봉	2천미만	28	5.5	54	10.6	82	16.0
	2천－2천5백	21	4.1	35	6.8	56	11.0
	2천5백－3천	52	10.2	28	5.5	80	15.7
	3천－3천5백	54	10.6	22	4.3	76	14.9
	3천5백－4천	47	9.2	11	2.2	58	11.4
	4천－4천5백	45	8.8	7	1.4	52	10.2
	4천5백－5천	48	9.4	1	0.2	49	9.6
	5천 이상	57	10.6	4	0.8	58	11.4
기업규모	중소기업	111	19.1	84	14.5	195	33.6
	대기업	231	39.8	67	11.5	298	51.3
	학교(대학원)	36	6.2	52	9.0	88	15.1
	전체	378	65.1	203	34.9	581	100.0

(2) 경력개발유형의 분류

응답자 개인별로 8개 Q 요인의 평균값을 비교해서 높은 점수의 요인을 개인의 대표유형으로 할당한 후에 빈도분포를 살펴본 결과, 요인 1은 13.6%, 요인 2는 0.3%, 요인 3은 32.1%, 요인 4는 0.5%, 요인 5는 23.4%, 요인 6은 0.3%, 요인 7은 29.6%, 요인 8은 0.2%로 나타났다. 적은 빈도의 요인대표유형을 제외시키면, 응답자들의 경력개발유형은 4개 유형으로 나뉜다. 이것은 〈1차 연구〉에서 발견된 경력개발의 가설적인 모형인 네 가지 주관성유형별로 긍정반응 문항의 요인에 해당된다.

이렇게 나온 네 가지 경력개발유형의 상대적인 특성을 보다 상세하게 유추하기 위해서 유형별 8개 요인점수의 프로파일을 분석하였다. 이를 위해서 각 요인점수를 전체 평균을 0으로 하고 표준편차를 1로 하는 표준점수(Z-score)로 변환한 다음, 각 유형의 전형적인 프로파일을 그래프화했다(그림 1).

그림 1. 4가지 경력개발유형의 프로파일

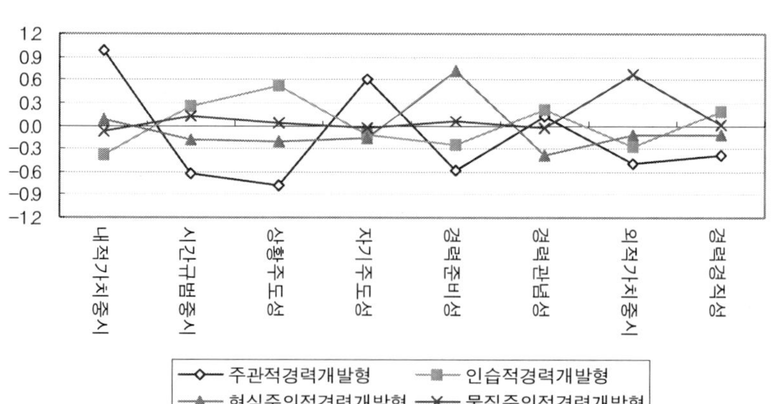

이렇게 만들어진 경력개발유형의 프로파일을 근거로 각 유형의 특성을 유추한 결과는 다음과 같았다

유형 1: 주관적 경력개발형

주관적 경력개발형은 다른 유형들에 비해 내적가치중시와 자기 주도성의 성향이 두드러지게 높은 반면, 시간규범중시, 상황주도성, 경력준비성의 성향은 아주 낮은 편이다. 내적 통제감을 가지고 자신이 하고 싶은 일을 해내고자 하는 내적 성취를 지향하는 성향이 아주 두드러진다. 어떤 특정한 시기나 규범적 시간에 얽매이지도 않으며, 시간이나 운처럼 자신이 통제할 수 없는 상황적·환경적 요인을 무시하는 경향이 있다. 자신만의 독특한 가치를 추구하고 성취하는 데 만족한다. 미래를 위해서 무엇인가를 준비하기보다는 현재 자신이 좋아하는 일을 추구하며 여러 가지 다양한 체험을 하려고 한다. 또는 한 가지를 오래 동안 지속하는 경험을 중요하게 여기고, 그러다보면 언젠가 뜻을 이루고 자연스럽게 보상도 받게 된다고 생각하는 타입이다. 이런 이유로 이 유형을 '주관적 경력개발형'이라고 이름 붙였다(그림 2).[8]

---

8) 각 요인별 수치는 모두 표준점수(Z-score)로 전환되었다.

그림 2. 주관적 경력개발형의 프로파일

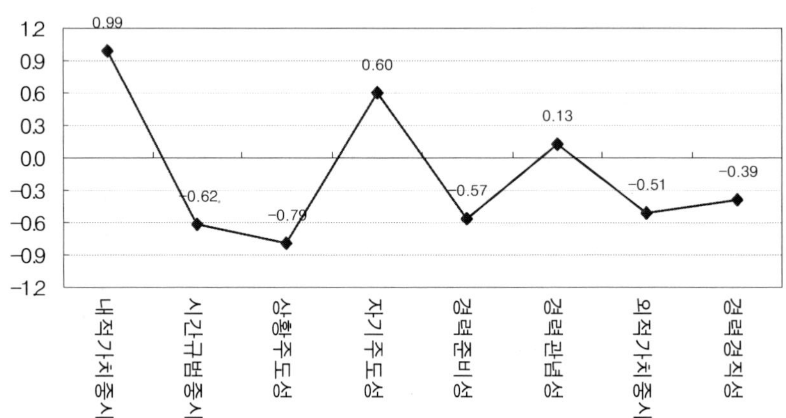

유형 2: 인습적 경력개발형

그림 3에서 볼 수 있듯이, 이 유형은 다른 유형들에 비해 시간규범, 상황주도성, 경력경직성의 성향이 높은 반면에, 상대적으로 내적가치중시와 자기 주도성은 아주 낮은 성향을 보인다. 다른 유형들에 비해 상황주도성이 가장 높은 것이 이 유형의 특징이며, 자신만의 기준이 없이 인습적이고 규범적인 기준을 따르는 성향을 보인다. 조직주도적인 경력개발에 익숙한 유형으로 지금처럼 개인주도적인 경력개발이 요구되는 시대적 분위기에 불만과 불안을 느낄 수 있다. 이 유형은 나이 때문에 또는 너무 오랜기간 종사했기 때문에 현재 자신의 상황이 불만족스럽더라도 직장생활을 할 수 있으며, 해고되지 않기 위해서 일할 수도 있다. 이 유형에게 일은 생활의 도구일 뿐이며, 삶의 재미와 질은 일이 아닌 다른 대상을 통해서 찾는 것이라고 여긴다. 따라서 이 유형을 '인습적 경력개발형'이라고 명명했다.

그림 3. 인습적 경력개발형의 프로파일

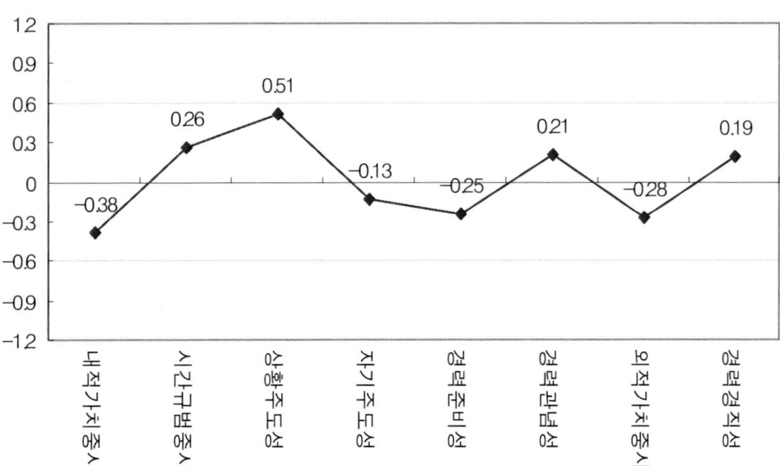

유형 3: 현실주의적 경력개발형

이 유형은 그림 4의 프로파일에서 보여지듯이, 다른 유형들에 비해 경력준비성은 뚜렷하게 높은 편이지만, 경력관념성은 상대적으로 다른 유형들에 비해 아주 낮았다. 이는 경력개발에 관한 시대변화적인 생각이나 보편적인 방식보다는 개인이 실행할 수 있는 구체적인 노력과 준비를 더 중시하는 유형이다. 자신의 경력개발을 위해서 실질적인 대책을 마련하고 항상 계획을 세우며 자신이 할 수 있는 최대한의 노력을 기울인다. 더불어 내적가치와 상황주도성, 시간규범을 중시하는 성향도 어느 정도 있기 때문에 규범적인 시기나 때를 놓치지 않고 자신의 내적가치를 추구하고자 계획하고 준비하는 태도를 갖고 있다. 따라서 이 유형을 '현실주의적 경력개발형'이라고 이름 붙였다.

그림 4. 현실주의적 경력개발형의 프로파일

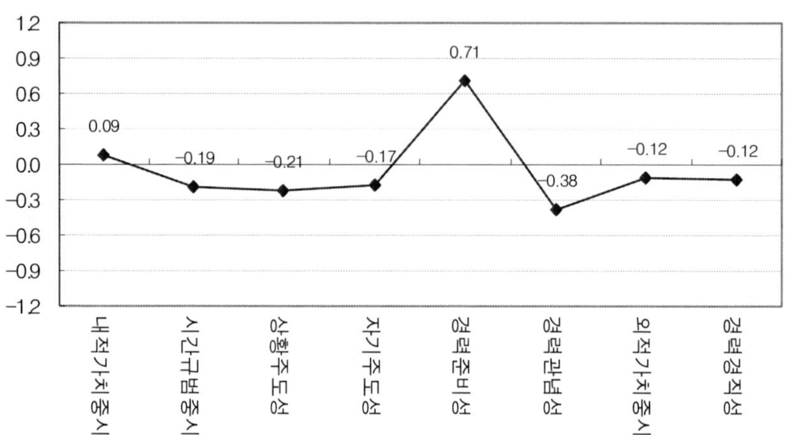

유형 4: 물질주의적 경력개발형

그림 5에서 볼 수 있듯이, 이 유형은 다른 유형들에 비해서 특히 외적가치중시의 성향이 아주 높게 나타났다. 반면 다른 유형들과 달리 나머지 요인들은 평균에 몰려서 다른 성향들은 두드러지지 않는다. 이 유형은 오직 외적가치(연봉, 지위, 인정/명예 등)에 의해 평가받고 인정받는 것만이 중요하며, 이를 위해 규범적인 시간과 상황적 요인을 고려한다. 이 유형은 개인의 능력이 사회적으로 인정받을 때 비로소 의미가 있다고 여기므로, 외적성취를 이루기 위해서는 무엇이든지 할 수 있다고 믿는다. 즉, 사회적 인정과 물질적 성공을 함께 얻기 위해서, 결과가 수단을 정당화한다고 믿는 성향이 있다. 이런 이유로 '물질주의적 경력개발형'이라고 명명했다.

그림 5. 물질주의적 경력개발형의 프로파일

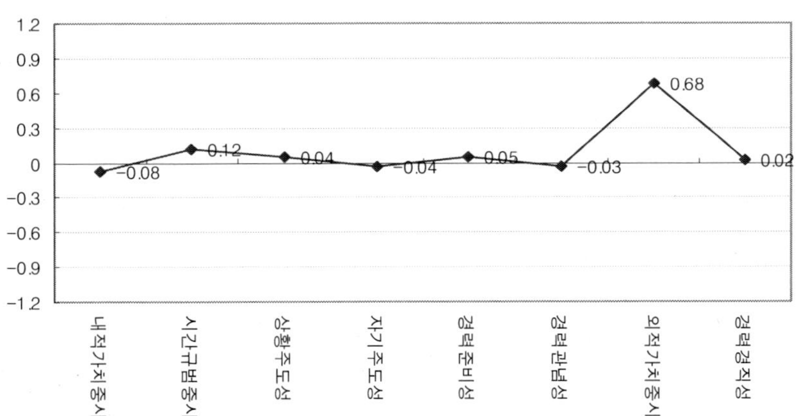

  이상에서 설명된 유형별 표준프로파일의 특성과 각 유형을 특징짓는 요인들의 성향에 대한 개요가 부록 4에 제시되어 있다.

  8개 요인이 4가지 경력개발유형의 차이를 제대로 반영하고 있는지, 그리고 요인별 점수의 차이가 일관적으로 나타나는지를 확인하기 위해서 경력개발유형을 독립변인으로 하고 8개 요인점수를 일원변량분석(Oneway ANOVA)을 실시했다. 그 결과, 유형에 따른 각 요인평균점수의 차이는 통계적으로 유의했으며, Scheffé 방식에 의한 사후검증 결과에 의하면, 집단 간 차이도 유의했다. 각 유형별 8개 요인점수 평균과 변량분석 결과는 표 8에 제시되어 있다.

표 8. 유형별 요인 점수의 평균, 표준편차, 그리고 최소−최대 점수

	주관적 경력개발형 최소−최대	인습적 경력개발형 최소−최대	현실주의적 경력개발형 최소−최대	물질주의적 경력개발형 최소−최대	전 체 최소−최대	F값
요인 1. 내적가치중시	5.89(.53)a 4.39-7.25	5.10(.73)b 3.31-7.17	5.30(.65)bc 3.55-6.71	4.93(.69)bd 3.16-7.36	5.21(.74) 3.16-7.36	38.93***
요인 2 시간규범중시	3.85(.74)ac 1.85-5.69	4.85(.51)b 3.30-6.37	3.82(.63)ac 1.31-5.47	3.58(.55)d 1.67-4.71	4.10(.80) 1.31-6.37	164.75***
요인 3 상황주도성	5.51(.69)a 3.81-6.91	6.14(.62)b 3.65-7.71	5.77(.62)c 4.36-7.60	5.34(.69)ad 3.53-7.48	5.74(.73) 3.53-7.48	49.19***
요인 4 자기 주도성	4.89(.37)a 3.77-5.68	4.41(.67)b 2.61-6.41	4.10(.63)c 2.72-5.77	3.99(.61)cd 2.62-5.89	4.28(.68) 2.61-6.41	46.82***
요인 5 경력준비성	5.59(.74)a 3.60-7.35	5.80(.64)ab 3.90-7.50	6.19(.50)c 4.59-7.54	5.17(.66)d 3.18-7.25	5.69(.73) 3.18-7.54	69.17***
요인 6 경력관념성	4.13(.58)a 2.18-5.48	4.19(.62)ab 2.76-5.88	3.35(.57)c 1.57-4.82	3.57(.51)d 2.30-4.88	3.80(.68) 1.57-5.88	78.11***
요인 7 외적가치중시	5.69(.63)a 4.11-7.18	5.96(.72)b 3.76-7.61	5.95(.59)abc 4.21-7.16	5.45(.79)ad 3.40-7.21	5.78(.73) 3.40-7.61	19.17***
요인 8 경력경직성	3.79(.63)a 1.90-5.37	4.49(.51)b 2.94-5.86	3.64(.63)ac 2.28-5.62	3.33(.47)d 2.03-4.63	3.86(.72) 1.90-5.86	143.05***

*** p<.001 ( )은 표준편차임
같은 알파벳은 집단 간 차이가 없음을 의미함.

(3) 경력개발유형의 분포

개인은 8개 요인의 값을 갖게 되고, 이 8개 요인점수는 개인이 갖고 있는 경력개발 사고방식패턴을 보여주는 독특한 프로파일이 된다. 한 개인의 개별프로파일 양상이 4가지의 경력개발유형의 표준프로파일 중에서 어느 유형과 가장 일치하는지를 판단하여 각 개인의 경력개발유형을 다시 판정하였다.

이때 사용된 분류기준은 표 9에 제시되어 있는데, 이는 연구자를 포함한 심리학 박사급 전문가 4명이 각 유형의 표준프로파일에 기초하여 특징적인 요인들과 전형적인 프로파일의 요인점수를 근거로 판단한 것이다. 분류기준 중에서 높은 성향과 낮은 성향의 요인점수는 각 유형의 표준프로파일을 토대로 ±0.3점 ～ ±0.7점의 범위 내에서 정하였고, 중간 성향의 요인 기준점수는 ±0.2점의 범위 내에서 표준점수를 기준으로 삼았다. 그리고 패턴 매칭 판정을 위한 기준으로 물질주의적 경력개발형(6개 요인)을 제외한 나머지 유형들은 5개 요인들을 사용하였다(부록 4 참조).

본 연구 대상자들의 경력개발유형 분포 양상을 보면, 인습적 경력개발형(196명)이 33.7%로 가장 많았고, 물질주의적 경력개발형(162명)이 27.8%, 현실주의적 경력개발형(144명) 24.7%, 주관적 경력개발형(80명)이 13.7% 순으로 나타났다.

표 9. 4가지 경력개발유형의 패턴매칭을 위한 분류기준

유 형	높은 성향	중간 성향	낮은 성향
주관적 경력개발형	내적가치중시≥0.7 자기 주도성≥0.4		시간규범중시≤-.05 상황주도성≤-0.6 경력관념성≤-0.4
인습적 경력개발형	시간규범중시≥0.3 상황주도성≥0.5 경력경직성≥0.3		내적가치중시≤-0.4 자기 주도성≤-0.3
현실주의적 경력개발형	경력준비성≥0.5	-0.2≤내적가치중시, 시간규범중시, 상황주도성≤0.2	경력관념성≤-0.4
물질주의적 경력개발형	외적가치중시≥0.7	-0.2≤내적가치중시, 시간규범중시, 상황주도성, 경력관념성, 경력경직성≤0.2	

    인구통계학적 정보를 기준으로 네 가지 경력개발유형들이 어떻게 분포되는지 살펴본 결과는 표 10에 자세하게 제시되어있다.

    먼저 성별에 따른 경력개발유형의 분포를 살펴보면, 남자는 인습적 경력개발형(35.7%)이 가장 많았고, 여자는 물질주의적 경력개발형(36.9%)이 가장 많은 것으로 나타났다($\chi^2 = 14.911$, df = 3, p<.01, 그림 6 참고).

그림 6. 성별 경력개발유형 분포

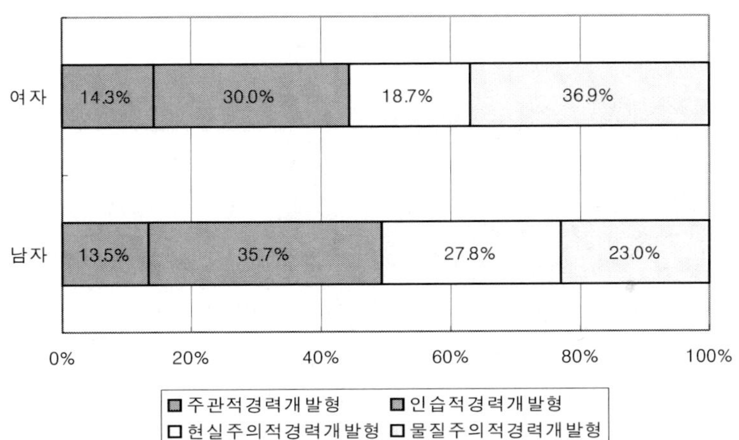

　또한 연령별로 경력개발유형의 분포에 있어서도 유의한 차이가 발견되었다(x^2=12.558, df=6, p<.05, 그림 7 참고). 20대는 물질주의적 경력개발형의 분포가 가장 많았고 인습적 경력개발형과 현실주의적 경력개발형도 많은 비율을 차지하였다. 그러나 30대와 40대는 인습적 경력개발형의 비율이 다른 유형들에 비해 현저하게 많았다. 이는 20대에는 다양한 경력개발유형이 존재하지만, 연령대가 높아질수록 인습적 경력개발형의 비율이 많아짐을 알 수 있다. 또한 높은 연령집단으로 갈수록 주관적 경력개발형의 비율이 늘어가고, 물질주의적 경력개발형의 비율이 감소하는 경향을 보인다.

그림 7. 연령별 경력개발유형 분포

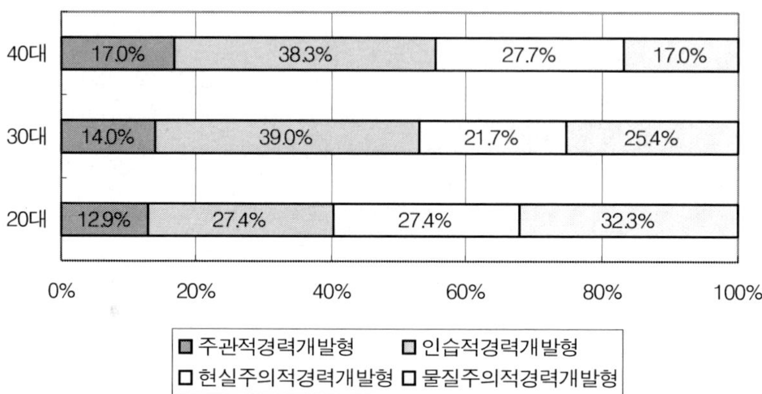

경력개발유형에 따른 총직장경력($F_{3,468}=1.195$, p>.05)에서의 차이는 없었다. 그러나 기업의 규모/종류에서의 차이를 비교한 결과 통계적으로 유의했다($x^2=26.790$, df=6, p<.001, 그림 8 참조). 중소기업의 경우, 물질주의적 경력개발형(35.4%)이 가장 많았고, 그 다음으로 현실주의적 경력개발형(23.1%)과 인습적 경력개발형(23.1%)이 비슷한 비율을 차지했다. 반면에 대기업의 경우에는 인습적 경력개발형(41.1%)의 비율이 가장 많았고, 현실주의적 경력개발형(26.8%), 물질주의적 경력개발형(21.7%), 주관적 경력개발형(10.4%)의 순으로 나타났다. 대학원의 경우에는 네 가지 유형의 비율 차이가 눈에 띄게 뜨러나지는 않았지만, 인습적 경력개발형과 물질주의적 경력개발형이 많았다. 경력개발유형 중에서 주관적 경력개발형의 경우, 상대적으로 대기업에서의 비율이 가장 적었다.

그림 8. 기업규모/종류별 경력개발유형 분포

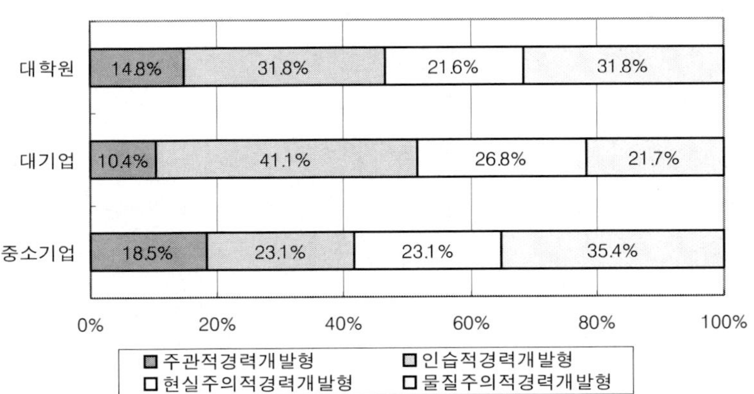

학력에 있어서도 유형별 빈도의 차이는 없었다(x^2=8.727, df =6, p>.05). 그러나 직업에서의 차이를 살펴보면, 전문직의 경우에 물질주의적 경력개발형(37.2%)이 가장 많았고, 관리직은 인습적 경력개발형(39.8%), 판매직에서는 현실주의적 경력개발형(40.0%), 석사과정은 물질주의적 경력개발형(33.8%), 박사과정은 인습적 경력개발형(34.8%)으로 각기 특징적인 분포를 보였으며 통계적으로 유의했다(x^2=28.738, df=15, p<.05). 반면에 직급별 분포에서는 경력개발사고유형에 따라 통계적으로 유의한 빈도차이가 발견되지 않았다(x^2=22.865, df=15, p>.05).

급여수준에서 경력개발사고유형에 따른 분포의 차이는 통계적으로 유의하게 나타났다(x^2=33.339, df=21, p<.05). 2천만 원 미만의 경우에는 모든 유형들이 거의 20%의 비율을 차지하여 전반적으로 비슷한 분포를 보였으며, 특히 인습적 경력개발형(30.5%), 현실주의적 경력개발형(24.4%), 주관적 경력개발형(23.2%), 물질주의적 경력개발형(22.0%)의 순으로 나타났다. 2천−2천5백만 원에서는 물질주의적 경력개발형(32.1%)과 인습적 경력개발형(30.4%)이

가장 많은 분포를 보였고, 2천5백-3천만 원에서는 물질주의적 경력개발형(37.0%)이 가장 많았고, 3천-3천5백만 원에서는 인습적 경력개발형(42.1%)이, 3천5백-4천만 원은 물질주의적 경력개발형(36.2%)이 많은 분포를 보였다. 4천만 원부터 5천만 원 이상의 고소득의 경우에는 인습적 경력개발형이 가장 높은 비율을 차지했다. 3천만 원 이하에서는 주로 인습적 경력개발형과 물질주의적 경력개발형이 높은 비율을 차지했으나 4천만 원 이상의 고소득에서는 인습적 경력개발형과 현실주의적 경력개발형이 많은 분포를 차지하는 것으로 나타났다.

이직을 경험했는지의 여부에 따른 경력개발유형의 빈도차이를 살펴본 결과, 통계적으로 유의하지 않았다($\chi^2=0.566$, df=3, p>.05). 반면 이직하고 싶지만 불가능하다고 생각하는지에 대해서는 인습적 경력개발형(54.9%)이 가장 많이 '그렇다'고 수긍한 반면, 부정적 답변은 물질주의적 경력개발형(30.4%)과 현실주의적 경력개발형(29.1%)에서 가장 높은 비율을 보였다($\chi^2=20.971$, df=3, p<.001).

표 10. 경력개발유형별 인구통계학적 분포

			주관적 경력개발형	인습적 경력개발형	현실주의적 경력개발형	물질주의적 경력개발형	전 체
연령			30.84	31.56	30.97	30.07	30.90
			(5.84)	(5.41)	(5.42)	(4.89)	(5.35)
총직장경력			6.56	7.46	7.29	6.49	7.08
			(5.18)	(4.83)	(5.42)	(4.99)	(5.07)
성별	남자	N	51	135	105	87	378
		%	8.8	23.2	18.1	15.0	65.1
	여자	N	29	61	38	75	203
		%	5.0	10.5	6.5	12.9	34.9
	전체	N	80	196	143	162	581
		%	13.8	33.7	24.6	27.9	100.0
기업규모	중소기업	N	36	45	45	69	195
		%	6.2	7.7	7.7	11.9	33.5
	대기업	N	31	1243	80	65	299
		%	5.3	21.1	13.7	11.2	51.4
	학교	N	13	28	19	28	88
		%	2.2	4.8	3.3	4.8	15.1
	전체	N	80	196	144	162	582
		%	13.7	33.7	24.7	27.8	100.0
직업	전문직	N	23	38	32	55	148
		%	4.0	6.6	5.6	9.6	25.7
	관리직	N	36	115	74	65	289
		%	6.3	20.0	12.9	11.1	50.3
	판매직	N	4	12	16	8	40
		%	0.7	2.1	2.8	1.4	7.0
	석사과정	N	7	20	16	22	65
		%	1.2	3.5	2.8	3.8	11.3
	박사과정	N	6	8	3	6	23
		%	1.0	1.4	0.5	1.0	4.0
	기타	N	3	3	1	3	10
		%	0.5	0.5	0.2	0.5	1.7
	전체	N	79	196	142	158	575
		%	13.7	34.1	24.7	27.5	100.0

( ) 안은 표준편차임

			주관적 경력개발형	인습적 경력개발형	현실주의적 경력개발형	물질주의적 경력개발형	전체
연봉	2천만원미만	N	19	25	20	18	82
		%	3.7	4.9	3.9	3.5	16.0
	2천 – 2천5백	N	8	17	13	18	56
		%	1.6	3.3	2.5	3.5	10.9
	2천5백 – 3천	N	14	19	18	30	81
		%	2.7	3.7	3.5	5.9	15.8
	3천 – 3천5백	N	9	32	18	17	76
		%	1.8	6.3	3.5	3.3	14.8
	3천5백 – 4천	N	7	13	17	21	58
		%	1.4	25	3.3	4.1	11.3
	4천 – 4천5백	N	5	23	12	12	52
		%	1.0	4.5	2.3	2.3	10.2
	4천5백 – 5천	N	6	23	13	7	49
		%	1.2	4.5	2.5	1.4	9.6
	5천만원이상	N	4	25	17	12	58
		%	0.8	4.9	3.3	2.3	11.3
	전체	N	72	177	128	135	512
		%	14.1	34.6	25.0	26.4	100.0
연령대	20대	N	34	72	72	85	263
		%	5.8	12.4	12.4	14.6	45.2
	30대	N	38	106	59	69	272
		%	6.5	18.2	10.1	11.9	46.7
	40대	N	8	18	13	8	47
		%	1.4	3.1	2.2	1.4	8.1
	전체	N	80	196	144	162	582
		%	13.7	33.7	24.7	27.8	100.0
이직 불가능	예	N	10	45	13	14	82
		%	3.1	13.8	4.0	4.3	25.2
	아니오	N	30	67	71	75	243
		%	9.2	20.6	21.8	23.1	74.8
	전체	N	40	111	82	86	319
		%	12.5	34.8	25.7	27.0	100.0

(4) 경력개발유형별 행동특성

㈎ 경력개발유형별 일의 동기와 선호하는 보상의 분포

표 11에는 경력개발유형별로 일을 하는 동기에 관한 빈도분포 결과가 제시되어 있다.

먼저, 전체 응답자들이 어떤 시기에 가장 활력을 느끼는 지를 물었을 때, 가장 많이 꼽은 것은 '회사일과 집안(개인)일의 균형을 맞출 때'(62.6%)였고, '휴가를 갈 때'(20.5%), '일할 때'(13.9%), '집에 있을 때'(3.0%)의 순으로 나타났다. 경력개발유형별로 활력을 느끼는 시기의 빈도차이는 통계적으로 유의했다(x^2=25.83, df=9, p<.01). 주관적 경력개발형은 '균형을 맞출 때'(57.7%)를 가장 많이 꼽았고, 그 다음 '일할 때'(25.6%)라는 반응이 많았다. 반면, 인습적 경력개발형은 '회사일과 집안(개인)일의 균형을 맞출 때'(59.2%)가 가장 높은 비율을 차지했고, 이어서 '휴가 때'(23.0%)의 비율이 많았다. 현실주의적 경력개발형도 '균형 맞출 때'(71.6%), '휴가 때'(14.9%)의 순으로 나타났고, 물질주의적 경력개발형도 균형 맞출 때(61.1%)와 휴가 때(24.8%)의 순으로 활력을 느낀다고 답했다. 모든 유형들이 일과 집안(개인)일 간의 균형을 맞출 때 가장 활력을 느끼지만, 주관적 경력개발형은 다른 유형들에 비해 휴가 때보다 일할 때 활력을 느낀다는 대답이 상대적으로 높았다.

일을 하는 동기에 있어서 전체 응답자들의 반응빈도를 살펴보면, '성취감(창조성/의미추구)'(52.8%)로 가장 많았고 '재정안정'(16.0%), '친밀감'(13.8%), '인정/명예'(8.9%), '독립성/자율성'(8.5%)의 순으로 나타났다. 일에 대한 동기에 있어서 유형별 빈도분포의 차이를 확인한 결과 유의했다(x^2=45.719, df=12, p<.001). 각 유형별로 살펴보면, 주관적 경력개발형은 성취감(64.9%)이 압도적으로 높은 비

율을 차지했고, 독립성(13.0%)과 친밀감(13.0%)이 같은 비율을 차지했다. 인습적 경력개발형의 경우, 성취감(44.0%)에 이어 재정안정(28.3%), 친밀감(10.5%), 인정/명예(9.9%)의 순으로 나타났다. 현실주의적 경력개발형도 가장 높은 일의 동기로서 성취감(59.6%)을 꼽았고, 친밀감(15.6%), 재정안정(11.3%), 독립성(7.1%)의 순으로 높은 비율을 보였다. 반면 물질주의적 경력개발형은 성취감(51.6%)을 가장 많이 꼽았고, 이어 친밀감(16.8%), 인정/명예(12.3%), 재정안정(10.3%) 순으로 대답했다. 성취감을 일하는 가장 큰 동기로 꼽은 빈도의 비율을 상대적으로 비교해보면, 주관적 경력개발형이 다른 유형에 비해 훨씬 높았다. 반면 인습적 경력개발형의 경우에 그 비율이 상대적으로 가장 낮았다. 주관적 경력개발형은 성취감 못지않게 독립성과 친밀감이 일의 주요 동기인 반면, 인습적 경력개발형은 성취감에 이어 재정적 안정이 일을 하는 주요 동기라고 해석할 수 있다.

표 11. 경력개발유형별 일의 주요 동기 빈도분포

			주관적 경력개발형	인습적 경력개발형	현실주의적 경력개발형	물질주의적 경력개발형	전체
활력 시기	집에 있을 때	N	1	10	0	6	17
		%	0.2	1.8	0.0	1.1	3.0
	일할 때	N	20	24	19	16	79
		%	3.5	4.2	3.4	2.8	13.9
	균형맞출 때	N	45	113	101	96	355
		%	7.9	19.9	17.8	16.9	62.6
	휴가 때	N	12	44	21	39	116
		%	2.1	7.8	3.7	6.9	20.5
	전체	N	78	191	141	157	567
		%	13.8	33.7	24.9	27.7	100.0
일하는 주요 동기	재정 안정	N	4	54	16	16	90
		%	0.7	9.6	2.8	2.8	16.0
	성취감	N	50	84	84	80	298
		%	8.9	14.9	14.9	14.2	52.8
	독립성	N	10	14	10	14	48
		%	1.8	2.5	1.8	2.5	8.5
	인정/명예	N	3	19	9	19	50
		%	0.5	3.4	1.6	3.4	8.9
	친밀감	N	10	20	22	26	78
		%	1.8	3.5	3.9	4.6	13.8
	전체	N	77	191	141	155	564
		%	13.7	33.9	25.0	27.5	100.0

  22개 보상형태 중에서 3가지 복수응답을 받은 결과, 전체 응답자들로부터 가장 선호하는 보상으로 높은 반응비율을 얻은 것은 '교육기회(해외연수)'였고(14.1%), 그 다음이 '실적포상금'(11.9%), '상사와 동료의 인정과 지원(팀웍)'(9.9%), '연봉제'(6.7%), '자율적 근무(재택근무, 변동시간근무)'(6.5%)의 순으로 나타났다(표 12).

  22개 보상형태 중에서 응답자들이 가장 받고 싶은 보상의 1위로 선택한 항목의 빈도분포를 살펴본 결과, 통계적으로 유의했다(χ^2＝93.690, df＝63, p<.01, 부록 5 참조). 주관적 경력개발형은 '상사/동료의 인정과 지원(팀웍)'이 17.9%로 가장 높았고, '교육기회(해외연수)'(13.2%), '실적포상금'(11.8%)과 '연봉제'(11.8%) 순으로 나타났다. 반면 인습적 경력개발형은 '실적포상금(18.1%)'이 가장 많았고, '연봉제(13.0%)', '교육기회(11.4%)', '정년보장(10.9%)'의 순으로 나타났다. 현실주의적 경력개발형의 경우에도 '실적포상금(16.3%)'이 가장 선호하는 보상으로 나타났고, '연봉제(14.2%)', '교육기회(11.3%)', '상사/동료의 인정과 지원(10.6%)'의 순으로 나타났다. 반면, 물질주의적 경력개발형은 '교육기회(16.6%)'를 가장 선호하였고, 근소하게 '실적포상금(15.9%)'이 두 번째로 높은 비율을 보였다. 다른 유형과 상대적으로 비교해볼 때, 인습적 경력개발형은 금전적 보상과 안정적 보상을 선호하는 반면, 주관적 경력개발형은 자기 계발적인 보상이나 사람들로부터의 지원과 같은 정서적 보상을 선호하는 것으로 볼 수 있다. 물질주의적 경력개발형의 경우, 금전적 보상과 함께 자기 계발적 보상을 동시에 원하는 유형으로 나타났다.

  유형별로 선호하는 보상에 있어서 2위(χ^2＝61.889, df＝63, p>.05)와 3위(χ^2＝82.228, df＝63, p>.05)에 꼽힌 항목들 간의 빈도분포는 통계적으로 유의하지 않았다.

표 12. 가장 선호하는 보상형태에 대한 복수응답 빈도분포

	반응수	반응률	사례수비율
실적포상금	203	11.9	35.7
퇴직금	21	1.2	3.7
연공제	6	0.4	1.1
연봉제	114	6.7	20.1
성과배분제	82	4.8	14.4
스톡옵션	72	4.2	12.7
근속포상금	12	0.7	2.1
정년보장	90	5.3	15.8
복리후생(의료, 휴가경비, 연금지원)	75	4.4	13.2
자녀양육지원(육아휴직)	26	1.5	4.6
상사/동료의 인정과 지원(팀웍)	169	9.9	29.8
공식적 인정(상장, 메달)과 특권제공	45	2.6	7.9
고객/헤드헌터의 인정	27	1.6	4.8
교육기회(해외연수)	239	14.1	42.1
고속승진	85	5.0	15.0
원하는 부서로의 이동	33	1.9	5.8
안식년	64	3.8	11.3
포상휴가(여행)	75	4.4	13.2
자율적 근무(재택근무, 변동시간근무)	110	6.5	19.4
여가활동지원	55	3.2	19.4
휴가일자율선택	28	1.6	4.9
정시출퇴근보장	70	4.1	12.3
전 체	1701	100.0	299.5

응답자들에게 다시 직장을 구할 때 고려할 네 가지 기준들에 대해 1위부터 4위까지 순위를 매기도록 하였고, 표 13에 각 유형별 빈도 분석한 결과를 제시하였다.

표 13. 경력개발유형에 따른 직장선택기준의 순위평정 빈도분포

			주관적 경력개발형	인습적 경력개발형	현실주의적 경력개발형	물질주의적 경력개발형	전체
충분한 보수 의 직장	1위	N	13	71	51	37	172
		%	2.3	12.5	8.9	6.5	30.2
	2위	N	16	63	38	61	178
		%	2.8	11.1	6.7	10.7	31.2
	3위	N	36	37	33	41	147
		%	6.3	6.5	5.8	7.2	25.8
	4위	N	13	22	20	18	73
		%	2.3	3.9	3.5	3.2	12.8
	전체	N	78	193	142	157	570
		%	13.7	33.9	24.9	27.5	100.0
안정된 직장	1위	N	12	44	19	18	93
		%	2.1	7.7	3.3	3.2	16.3
	2위	N	9	34	16	13	72
		%	1.6	6.0	2.8	2.3	12.6
	3위	N	12	27	31	29	99
		%	2.1	4.7	5.4	5.1	17.4
	4위	N	45	88	76	97	306
		%	7.9	15.4	13.3	17.0	53.7
	전체	N	78	193	142	157	570
		%	13.7	33.9	24.9	27.5	100.0

			주관적 경력개발형	인습적 경력개발형	현실주의적 경력개발형	물질주의적 경력개발형	전체
성취적일	1위	N	39	60	54	78	231
의 직장		%	6.8	10.5	9.5	13.7	40.5
	2위	N	22	42	48	37	149
		%	3.8	7.4	8.4	6.5	26.1
	3위	N	9	55	29	27	120
		%	1.6	9.6	5.1	4.7	21.1
	4위	N	8	36	11	15	70
		%	1.4	6.3	1.9	2.6	12.3
	전체	N	78	193	142	157	570
		%	13.7	33.9	24.9	27.5	100.0

　먼저, 응답자들은 '성취감을 느낄 수 있는 일을 제공하는 직장'을 가장 중요한 1위 기준으로, '충분한 보수를 받는 직장'과 '안정된 직장'의 순서로 새 직장을 고려할 것이라고 답했다. 인습적 경력개발형과 현실주의적 경력개발형은 다른 유형에 비해 충분한 보수를 직장선택의 1위 기준으로 많이 꼽았고, 물질주의적 경력개발형은 2위로, 주관적 경력개발형은 3위로 많이 꼽았다. 직장선택기준에 대한 유형별 순위평정의 차이를 세부적으로 살펴보면 다음과 같다.

　'돈 걱정을 하지 않아도 될 만큼 충분한 보수를 받는 직장'에 대한 순위평정에 있어서 '2위'(31.2%)와 '1위'(30.2%)로 꼽은 사람이 많았다. 유형별로 보면($x^2 = 35.952$, df = 9, p<.001), 주관적 경력개발형은 '3위'(46.2%)로 이 기준을 택하였고, 물질주의적 경력개발형은 '2위'(38.9%)였으나, 인습적 경력개발형은 '1위'(36.8%)와 현실주의적 경력개발형도 '1위'(35.9%)로 선택한 비율이 높았다.

'회사폐쇄나 실직의 우려가 없는 안정된 직장'에 대한 순위평정에 있어서 '4위'(53.7%)로 평정한 비율이 거의 절반 이상을 차지했다. 유형별로 빈도분포의 결과를 보면($x^2=22.147$, df=9, p<.01), 인습적 경력개발형은 '1위'(22.8%)로 응답했으나, 다른 유형들은 일관되게 '4위'로 응답한 비율이 가장 높았다.

'마음에 드는 사람과 같이 일할 수 있는 직장'에 대해서 '3위'(35.8%)의 평정이 가장 많았고, '2위'(30.0%), '4위'(21.2%)의 순으로 나타났으나, 유형별에 따른 빈도분포의 차이는 유의하지 않았다($x^2=13.551$, df=9, p>.05).

마지막 항목인 '성취감(보람)을 느낄 수 있는 일을 제공하는 직장'에 대해서는 '1위'(40.5%)로 응답한 비율이 가장 높았고, '2위'(26.1%), '3위'(21.1%)의 순으로 나타났다. 각 유형별로 살펴보면($x^2=34.105$, df=9, p<.001), 모든 유형들이 일관되게 '1위'로 선택한 반응이 가장 많았다. 그러나 세부적으로 1위로 꼽은 비율을 비교해보면, 주관적 경력개발형의 '1위'(50.0%)와 물질주의적 경력개발형의 '1위'(49.7%)의 비율이 인습적 경력개발형의 '1위'(31.1%)와 현실주의적 경력개발형의 '1위'(38.0%)의 비율보다 높았다.

㈏ 경력개발유형별 주관적 삶의 만족도의 특성

유형별로 주관적인 삶의 만족도를 살펴본 결과는 표 14에 제시되어 있다. 전체 응답자의 주관적인 삶의 만족도의 평균점수는 35.51점이었다. 응답자의 전체 평균과 비교할 때, 인습적 경력개발형의 주관적인 만족도(33.6점)는 평균보다 훨씬 낮았고, 현실주의적 경력개발형의 주관적인 만족도(37.5점)는 평균보다 높았다($F_{3.564}=7.09$, p<.001).

직장생활에서의 불만정도에 살펴보면, '보수가 적정하지 못함'에 대한 불만에 있어서 전체 응답자의 평균은 3.64점이었고, 유형별로 이를 비교했을 때 별다른 차이가 없었다($F_{3,552}=2.14$, p>.05).

 '상관/동료로부터 인정받지 못하고 관계가 원만하지 않음'에 대한 불만도에서 전체 평균은 2.54점으로 별로 불만스럽지 않은 편이다. 특히 현실주의적 경력개발형은 전체 평균보다 더 낮았고, 인습적 경력개발형은 더 높았다($F_{3,551}=6.57$, p<.001).

표 14. 경력개발유형별 주관적 만족도와 직장생활의 불만도 평균점수

	주관적 경력개발형	인습적 경력개발형	현실주의적 경력개발형	물질주의적 경력개발형	전 체	F값
주관적 삶의 만족도	36.31(8.59)	33.61(7.74)	37.46(7.78)	35.64(7.37)	35.51(7.89)	7.09***
보수의 불만	3.58(1.35)	3.66(1.31)	3.44(1.46)	3.84(1.25)	3.64(1.34)	2.14
인간관계불만	2.67(1.27)	2.74(1.15)	2.20(1.05)	2.52(1.06)	2.54(1.13)	6.57***
지루한 일 불만	3.07(1.26)	3.14(1.20)	2.51(1.27)	2.85(1.21)	2.89(1.25)	7.70***
근무조건 불만	2.71(1.11)	2.90(1.23)	2.62(1.29)	2.86(1.21)	2.79(1.23)	1.78
업무수행 불만	3.19(1.37)	3.04(1.18)	2.68(1.16)	2.78(1.02)	2.90(1.17)	4.71**

** p<.01 *** p<.001 (   )은 표준편차임

 '일이 지루하거나 하는 일에 대한 재량권과 책임감이 없음'에 대한 전체 평균 불만도는 2.89점이었다. 이와 비교해서 인습적 경력개발형의 불만도가 더 높았고, 현실주의적 경력개발형의 불만도는 더 낮았다($F_{3,550}=7.70$, p<.001).

 '근무조건(작업환경)이 나쁨'에 대한 불만도에서 응답자의 전체 평균은 2.79점으로 별로 불만족스럽지 않는 편이었다. 유형별로 전체 평균과 비교했을 때 불만정도에 있어서 별다른 차이가

없었다($F_{3,551}=1.78$, p>.05).

마지막 항목인 '주어진 일을 만족스럽게 완수하지 못함'에 대한 불만도를 살펴보면, 전체 평균은 2.90점이었다. 이와 비교했을 때 현실주의적 경력개발형이 더 낮았고, 주관적 경력개발형이 더 높았다($F_{3,551}=4.71$, p<.01).

유형별로 결과를 요약하면, 주관적 경력개발형은 주관적인 삶의 만족도에 있어서 전체 평균보다 높았고, 자신의 업무를 수행하는 능력에 대한 불만은 평균보다 높게 나타났다. 인습적 경력개발형은 주관적인 삶의 만족도에 있어서 전체 평균보다 훨씬 낮은 반면, 직장 내에서 불편한 인간관계와 지루한 일에 대한 불만은 전체 응답자들의 평균적 반응보다 높았다. 현실주의적 경력개발형은 주관적인 삶의 만족도에 있어 전체 평균에 비해 더 높았고, 직장생활에서의 불만도는 평균보다 더 낮았다. 물질주의적 경력개발형은 주관적 삶의 만족도를 비롯해 직장생활에서의 불만도에 있어서 전체 평균과 유사한 수준을 보였다.

㈐ 경력개발유형별 이직의도의 특성

표 15에는 경력개발유형별로 살펴본 이직의도와 이직의 어려움에 대한 결과가 제시되어있다. 이직의도에 대한 응답자 전체 평균은 14.5점이었다. 인습적 경력개발형의 이직의도점수(15.4점)는 평균보다 훨씬 높았고, 현실주의적 경력개발형의 이직의도점수(13.7점)는 전체 평균에 비해 낮았다($F_{3,570}=4.82$, p<.01). 응답자들의 평균이직횟수는 1.9회로, 약 2회 정도의 이직경험을 갖고 있었다.

이직하기 어려운 이유의 항목 중에서 '수입(소득)의 상실'의 어려움으로 인해 이직이 어렵다는 응답의 전체 평균은 4.1점이었다.

인습적 경력개발형이 높은 점수(4.5점)를 보인 반면, 주관적 경력
개발형은 전체 평균보다 훨씬 낮은 점수(3.0점)를 보였다($F_{3,167}$=
6.30, p<.001). '새로운 것을 시도해보는 것에 대한 실패의 두려움'
에 대한 응답자의 전체 평균은 3.7점이었고, 각 유형들 간의 유의
한 차이는 없었다($F_{3,172}$=0.61, p>.05). '현 상황의 변화로 인해 벌
어질 불확실함(안정성의 상실)'에 대한 항목의 전체 평균은 4.3점
이었다. 인습적 경력개발형은 높은 점수(4.5점)를 보였고, 주관적
경력개발형은 3.6점으로 평균보다 낮은 점수였다($F_{3,167}$=2.84,
p<.05). '자신의 나이에 적당한 기회가 없음'의 항목에 대한 전체
평균은 3.5점이었다. 인습적 경력개발형은 전체 평균보다 훨씬 높
은 점수(4.1점)를 보인 반면, 주관적 경력개발형은 2.9점으로 평
균보다 낮은 점수를 보였다($F_{3,168}$=9.12, p<.001).

표 15. 경력개발유형별 이직의도와 이직 어려움 평균점수

	주관적 경력개발형	인습적 경력개발형	현실주의적 경력개발형	물질주의적 경력개발형	전 체	F값
이직의도	13.89(4.29)	15.40(4.22)	13.73(4.56)	14.39(4.28)	14.49(4.38)	4.82*
이직횟수	2.24(1.24)	1.67(.88)	1.97(1.25)	1.89(1.22)	1.89(1.14)	2.66
수입(소득)상실	3.05(1.59)	4.47(1.31)	4.34(1.66)	3.76(1.48)	4.10(1.54)	6.30***
새로운 시도의 실패두려움	3.52(1.59)	3.89(1.42)	3.55(1.67)	3.76(1.42)	3.74(1.50)	0.61
변화의 불확실성	3.64(1.62)	4.55(1.12)	4.24(1.62)	4.18(1.14)	4.28(1.34)	2.84*
나이에 따른 기회부족	2.95(1.53)	4.10(1.22)	3.00(1.52)	3.08(1.24)	3.48(1.43)	9.12***

* p<.05   *** p<.001, (   )은 표준편차임

108

㈘ 만족도와 이직의도에 대한 경력개발유형의 효과

인구통계학적 지표(연령, 연봉, 현재직장근속년수, 총직장경력년수)와 경력개발유형의 8개 요인들이 주관적인 삶의 만족도와 이직의도를 얼마나 설명할 수 있는지를 알아보기 위해 중다회귀분석(Multi Regression)을 실시하였다. 이를 위해서 주관적 삶의 만족도와 이직의도를 각기 종속변수로 하여 각기 두 가지 회귀모형을 다음과 같이 설정하였다.

주관적 삶의 만족도(또는 이직의도)의 두 가지 회귀모형:
회귀모형 1. 주관적 삶의 만족도(또는 이직의도) = 연령 + 연봉 + 현재직장근속년수 + 총직장경력
회귀모형 2. 주관적 삶의 만족도(또는 이직의도) = (상동) + 경력개발유형의 8개요인들

표 16에는 주관적 삶의 만족도와 이직의도를 각기 설명하는 회귀모형 1과 회귀모형 2를 검증한 결과가 제시되었다. 먼저 인구통계학적 지표의 설명력을 알아보는 회귀모형 1을 검증한 결과를 살펴보면, 주관적 삶의 만족도를 설명하는 데 있어서 인구통계학적 지표의 효과는 0.6%로 거의 없는 것으로 나타났다($F_{4,440} = 0.668$, $p > .05$). 이는 이직의도에 대한 회귀모형 1의 설명력도 0.9%로 거의 없었다($F_{4,448} = 1.050$, $p > .05$).

표 16. 인구통계학적 지표와 경력개발 8개 요인의 효과

회귀모형	종속변수	R	R2	Adjusted R2	F
회귀모형 1	주관적 삶의	.078	.006	-.003	.668
회귀모형 2	만족도	.282	.079	.054	3.102***
회귀모형 1	이직의도	.096	.009	.000	1.050
회귀모형 2		.359	.129	.105	5.442***

enter method: *** p<.001

인구통계학적 지표와 경력개발유형의 8개 요인을 포함한 회귀모형 2를 검증한 결과를 보면, 주관적 삶의 만족도는 경력개발유형의 8개 요인이 포함되었을 때 7.9% 정도 설명되었다($F_{12,432}$ = 3.102, p<.001). 또한 이직의도를 설명하는 데 있어서도 경력개발유형의 8개 요인이 포함됨으로써 그 설명력은 12.9%로 늘어났다($F_{12,440}$ = 5.442, p<.001). 이 결과를 통해 주관적 삶의 만족도와 이직의도를 설명하는 데 있어서 나이를 포함한 연봉 등의 인구통계학적 변인들보다 경력개발의 8개 요인들이 어느 정도 유의한 설명력을 갖고 있음을 알 수 있다.

다음은 주관적 삶의 만족도와 이직의도에 대한 회귀모형의 각 요인들 효과를 분석한 결과가 표 17에 제시되었다. 주관적 삶의 만족도를 설명하는 회귀모형에서 경력개발요인들 중에서 경력준비성의 회귀계수가 2.483이고 유의확률은 .002로 나타나 통계적으로 유의했다. 그리고 이직의도에 대한 회귀모형에서는 경력준비성의 회귀계수가 -.900으로, 외적가치중시의 회귀계수가 2.138로 나타나 통계적으로 유의했다.

표 17. 만족도와 이직의도에 대한 경력개발 8개 요인의 표준화된 회귀계수 비교

종속변수	회귀모형	B	β 계수	t	p
주관적 삶의 만족도	(constant)	35.58		6.314	.000***
	연령	-.042	-.028	-.238	.812
	총직장경력	-.042	-.025	-.223	.824
	현 직장근속년수	-.096	-.049	-.768	.443
	연봉수준	.270	.076	1.122	.263
	내적가치중시	.042	.004	.049	.961
	시간규범중시	-.782	-.079	-.938	.349
	상황주도성	-.887	-.082	-1.149	.251
	자기 주도성	1.029	.088	1.026	.305
	경력준비성	2.483	.226	3.090	.002**
	경력관념성	-1.339	-.114	-1.694	.091
	외적가치중시	-.334	-.031	-.416	.678
	경력경직성	-.730	-.067	-.809	.419
이직의도	(constant)	8.570		2.783	.006**
	연령	-.024	-.028	-.250	.803
	총직장경력	.008	.008	.075	.941
	현 직장근속년수	.062	.056	.911	.636
	연봉수준	-.227	-.113	-1.739	.083
	내적가치중시	-.532	-.086	-1.132	.258
	시간규범중시	.616	.109	1.359	.175
	상황주도성	.304	.049	.719	.473
	자기 주도성	-.521	-.079	-.948	.344
	경력준비성	-.900	-.144	-2.051	.041*
	경력관념성	.751	.115	1.751	.081
	외적가치중시	2.138	.347	4.901	.000***
	경력경직성	-.531	-.087	-1.085	.278

* p<.05, ** p<.01, *** p<.001

㈐ 경력개발유형과 라이프스타일의 관계

본 연구의 전체 응답자들의 라이프스타일의 분포를 보면, 공동체적 개방형(39.9%)이 가장 많았고, 현실주의적 동조형(27.3%), 개인주의적 보보스형(18.0%), 물질주의적 신봉건형(11.0%), 전통주의적 보수형(3.8%) 순으로 나타났다.

그림 9. 경력개발유형별 라이프스타일 분포

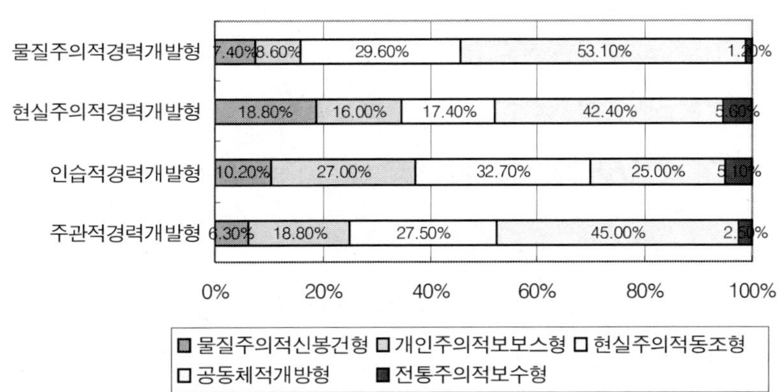

경력개발유형별로 라이프스타일의 관계를 세부적으로 살펴보면, 각 유형마다 라이프스타일의 분포가 다르게 나타났다($\chi^2 = 60.156$, df = 12, p<.001). 그림 9를 보면, 주관적 경력개발형은 공동체개방형(45.0%)이 가장 많았으며 현실주의적 동조형(27.5%), 개인주의적 보보스형(18.8%) 순으로 나타났다. 반면, 인습적 경력개발형은 현실주의적 동조형(32.7%)이 가장 많았고, 개인주의적 보보스형(27.0%), 공동체적 개방형(25.0%), 물질주의적 신봉건형(10.2%) 순으로 나타났다. 현실주의적 경력개발형은 공동체적 개방형이 42.4%의 비율로 나타났고, 물질주의적 신봉건형이 18.8%, 현실주의적 동조형이 17.4%, 전통주의적 보수형이 5.6%

의 분포를 보였다. 마지막으로 물질주의적 경력개발형은 공동체적 개방형이 거의 반을 차지했고(53.1%), 현실주의적 동조형이 29.6%, 개인주의적 보보스형이 8.6%, 물질주의적 신봉건형이 7.4%, 전통주의적 보수형이 1.2%로 나타났다. 이 결과에 따르면, 현실주의적 동조형이 많은 인습적 경력개발형을 제외한 나머지 유형들에서는 공동체적 개방형이 대표적인 라이프스타일로 나타났으며, 특히 공동체적 개방형이 차지하는 비율이 상대적으로 물질주의적 경력개발형에서 두드러지게 많았다.

다음은 라이프스타일의 12개 가치요인 중에서 어떤 것들이 경력개발유형을 특징적으로 구분하는 지를 알아본 결과가 표 18에 제시되었다. 결과를 살펴보면, 주관적 경력개발형은 수평적-개인주의요인이 전체 평균에 비해 높았다($F_{3,577}=4.86$, $p<.001$). 이는 주관적 경력개발형이 자기 주도적으로 자신의 일에 몰두하는 성향을 보여주는 것으로 해석된다. 반면, 인습적 경력개발형은 가부장적 태도, 남아선호, 부르조아, 여피, 전통가치 그리고 수직적-개인주의에서의 점수가 전체 평균보다 높았다. 이는 남성중심의 보수적 성향의 인습적 경력개발형이 조직에서의 경쟁을 당연하게 여기는 특성을 반영하는 것으로 보여진다. 현실주의적 경력개발형의 특징을 잘 보여주는 가치는 사이버보헤미안, 수직적 집합주의와 수평적 집합주의였다. 이는 현실주의적 경력개발형이 자기 계발과 표현하길 원하면서 동시에 조직을 위한 의무를 기꺼이 이행하고 타인과의 공유나 협력하길 원하는 특성을 반영하기 때문인 것으로 보여진다.

표 18. 경력개발유형별 라이프스타일 12가치 평균점수

	주관적 경력개발형	인습적 경력개발형	현실주의적 경력개발형	물질주의적 경력개발형	전 체	F값
가부장적태도:	2.95	3.28	2.89	2.50	2.92	25.01***
	(.87)	(.85)	(.85)	(.77)	(.88)	
남아선호	2.35	2.66	2.41	2.19	2.42	7.91***
	(.89)	(.87)	(.97)	(.90)	(.92)	
사이버보헤미안	4.31	4.29	4.46	4.26	4.33	2.80***
	(.69)	(.67)	(.53)	(.67)	(.64)	
개방성	3.63	3.55	3.59	3.74	3.62	2.41
	(.79)	(.63)	(.67)	(.72)	(.69)	
부르조아	4.44	4.74	4.63	4.36	4.57	13.84***
	(.63)	(.61)	(.55)	(.62)	(.62)	
여피	3.87	4.47	4.17	3.82	4.13	23.70***
	(.87)	(.74)	(.70)	(.82)	(.82)	
전통가치	3.93	3.98	3.95	3.51	3.84	16.02***
	(.73)	(.66)	(.75)	(.69)	(.73)	
사회의식	4.05	3.98	4.03	3.88	3.97	1.66
	(.59)	(.69)	(.68)	(.66)	(.67)	
수직__개인	3.98	4.32	4.19	3.78	4.09	18.24***
	(.79)	(.74)	(.60)	(.73)	(.74)	
수직__집합	4.20	4.35	4.59	3.90	4.26	22.33***
	(.82)	(.81)	(.72)	(.69)	(.80)	
수평__집합	4.14	4.29	4.57	4.18	4.31	9.51***
	(.74)	(.69)	(.77)	(.72)	(.74)	
수평__개인	3.98	3.97	3.82	3.70	3.85	4.86***
	(.65)	(.68)	(.63)	(.66)	(.66)	

*** p<.001, (   )은 표준편차임

Ⅵ. 논 의

1. 결과에 대한 논의

본 연구는 사람들이 갖고 있는 일과 일터, 그리고 경력개발에 대한 사고형태를 통해서 경력과 직장생활을 어떻게 경험하고 무엇을 추구하고 원하는지, 어떤 상황이나 문제를 힘들어하는지를 밝히기 위한 도구로 기능할 수 있는 '경력개발유형'의 모델을 제시하기 위해 수행되었다.

본 연구의 결과, 사람들은 경력개발에 대해 서로 다른 사고의 틀을 가지고 있으며, 그것은 네 가지 유형으로 분류될 수 있었다. 본 연구를 통해서 확인된 경력개발유형은 '인습적 경력개발형', '물질주의적 경력개발형', '현실주의적 경력개발형', '주관적 경력개발형'이었으며, 각 유형별로 경력과 관련된 행동에 있어서도 상대적인 차이가 발견되었다. 경력개발유형에 따라 일을 하는 동기나 선호하는 보상, 그리고 주관적인 삶의 만족감이나 직장생활에 대한 불만의 내용과 정도가 달랐으며, 실제로 이직할 의향에 있어서도 분명한 차이를 보였다.

여기서는 본 연구에서 발견된 결과를 토대로 각 경력개발유형의 특성에 대해 논의해보고자 한다.

먼저 "인습적 경력개발형"은 다른 유형들에 비해 직장과 자기 삶에 대한 만족감이 가장 낮았고, 이직할 의도는 높았지만 실제로 이직하기 어렵다고 생각하는 유형인 것으로 나타났다. IMF

이후 불안정해진 고용환경에서 스스로 자신의 가치를 창출하고 높이는 방향으로 경력을 관리하는 경향 속에서도 이 유형은 다른 유형들에 비해서 시간규범을 중시하는 성향이 높은 점으로 보아 전통적인 방식대로 자신이 몸담고 있는 조직과 사회적 규범을 따르고 그에 맞추는 것을 중요하게 여긴다. 또한 다른 유형에 비해 상황주도성이 상대적으로 높은 점으로 미루어 자기 기준으로 삶을 만들어 간다는 의식보다는 타인을 위하거나 쫓아가기 위해서 또는 뭔가에 맞추기 위해서 살아간다고 생각하는 경향이 있다. 따라서 이들은 시간과 상황규범에 얽매인 사고특성과 나이에 대한 염려로 인해, 자신의 경력상황이 바뀌는 이직이나 전직과 같은 상황을 싫어하고, 그런 불확실한 선택의 와중에 발생할 생계의 위협을 감당하는 것을 어려워하는 것으로 보인다. 그래서 너무 나이가 들어서 혹은 오랜 시간동안 종사했던 일이기 때문에 원치 않는 직장생활을 계속할 수 있다고 생각한다. 이들에게 일과 놀이, 일과 재미는 서로 다른 것이라고 생각하며, 일은 생활을 유지하는 도구적 의미가 큰 것으로 보인다. 따라서 이 유형이 선호하는 보상으로는 많은 연봉과 포상금, 정년보장으로 나타났고, 다른 유형들에 비해 직장을 선택하는 중요한 기준으로 안정적인 재정상태와 고용관계를 꼽았다

반면, "현실주의적 경력개발형"은 다른 유형들에 비해 자기 삶에 대한 주관적인 만족감이 가장 높았다. 이들은 직장생활에 대한 불만이 가장 적었고, 이직할 의사도 가장 낮았다. 어쩌면 이 유형은 한국사회의 직장에서 가장 잘 적응하며 살고 있는 사람들일 수 있다. 다른 유형들에 비해 경력준비성이 상대적으로 가장 높은 이 유형은 자신의 뜻한 바를 정하면 사회의 규범이나

관습적인 규칙에서 벗어나지 않는 범위 내에서 현실적으로 실현
가능한 준비와 노력을 기울인다. 경력개발에 있어서 적령기와 같
은 규범적인 시간이나 환경적 요인을 고려하고, 필요한 조건이나
자격을 갖추기 위해서 구체적으로 계획하고 실질적으로 준비하
는 경향이 두드러진다. 이 유형은 다른 유형에 비해 자기 표현적
가치성향과 집합주의적 가치성향이 높은 점으로 미루어 볼 때,
조직을 위해 헌신하고 개입하는 태도로 직장생활에 임할 것이다.
개인이 얼마나 노력하느냐에 따라 조직과 공동체의 한 구성원으
로서 충분히 인정받고 성공할 수 있다고 믿는 것 같다. 본 연구
결과에서도 이 유형은 직장 내에서 동료나 상사와의 관계 또는
업무에 대한 자신의 수행능력에 대한 불만이 가장 적었다. 이런
성향으로 인해 이 유형을 신나게 일하도록 만드는 원천은 동료
들과의 친밀감과 함께 금전적 보상인 것으로 나타났다. 이 유형
은 금전적 보상을 좋아하지만, 외적가치를 중시하는 성향이 상대
적으로 낮은 점으로 보아 단순히 물질적 가치만을 추구하려고
행동하지 않는 것 같다. 자신이 하는 일과 행동에 대한 정당한
대가로서 보수를 받는다고 생각하기 때문에 금전적 가치를 인정
하지만, 실리를 따져서 이리저리로 옮기는 것은 별로 좋아하지
않는다. 이런 측면에서 볼 때, 현실주의적 경력개발형의 사고를
가진 사람들은 회사 내에서 성실하게 별다른 불만 없이 맡은 일
에 노력하므로 조직의 입장에서 가장 환영받을 유형으로 보인다.

　“물질주의적 경력개발형”은 다른 유형들과 달리 오직 외적기
준과 가치에 의해서 평가받고 인정받는 것만을 가장 중시하는
유형으로 나타났다. 또한 이 유형은 다른 유형들과 달리 유일하
게 남녀의 비율이 거의 비슷한 분포를 차지했다. 표본에서의 여

성의 수가 부족함에도 불구하고, 이 유형에서의 여성 비율이 높다는 점은 사회적 성취와 성공을 이루고자하는 여성이 남성위주의 조직생활과 규칙에 적응하는 경험 속에서 갖게 된 사고방식이 아닌지 조심스럽게 해석해 본다. 이 유형은 어떤 방식으로든지 사회적인 인정과 물질적 성취를 이루려고 한다. 이들에게 경력개발은 상황의 흐름을 잘 타야 하는 것이므로 자신이 필요할 때나 타이밍이라고 생각될 때면 언제든 옮길 수 있도록 만반의 준비를 갖추는 것이다. 그래서 이 유형은 오직 한 가지 목표, 즉 성공만을 향해 매진하는 타입으로 보일 수 있다. 그러나 이 유형을 일하게 만드는 동기원천이 친밀감이란 점과 다른 유형에 비해 공동체적 개방형의 라이프스타일의 비율이 상대적으로 높은 점으로 미루어 볼 때, 주변사람들로부터 제대로 인정받는 것이 금전적 보상 못지않게 중요한 성공지표가 되는 것 같다. 이 유형은 직장생활에 대한 불만, 자기 삶에 대한 만족감, 이직의도, 이직 못하는 어려움에 대해 평균수준인 것으로 나타났다. 이들은 회사생활을 만족스러워하기도 하고, 불만족스러워하는 부분도 있으나, 사회적·물질적 성공을 위한 조건과 기회를 찾아 끊임없이 탐색한다. 또한 이 유형은 헤드헌터가 제시하는 경력관리 방식에 대해 호의적이기 때문에 헤드헌터의 주요 고객이 될 수 있다.

본 연구에서 가장 적은 비율을 차지한 경력개발의 사고유형은 "주관적 경력개발형"이었다. 직장에서 찾아보기 힘든 유형으로 보이지만, 본 연구에서는 대기업보다는 중소기업에 상대적으로 많은 비율을 차지했다. 다른 유형들에 비해서 내적가치중시와 자기 주도성이 아주 높은 유형으로서 자신의 내적기준이 분명하고 자기 확신을 바탕으로 자기만의 독특한 가치를 추구하고 성취하는 데 만족을 느끼는 유형이다. 그렇기 때문에 일할 때 활력을 느끼고, 일을 함에 있어서 성취감 못지않게 자율성과 독립성을 중요하게 여기는 것으로 나타났다. 주로 공동체적 개방형의 라이프스타일이 많으며, 이 유형이 원하는 보상은 금전형태가 아니라 함께 일하는 사람들로부터 인정과 지원이었다. 자신의 삶에 대해 대체로 만족하는 것으로 나타났지만, 다른 유형에 비해 이 유형은 직장에서 일을 제대로 완수하지 못하는 것에 대해 가장 불만스러워했다. 이 점과 더불어 교육기회를 보상으로 원한 점을 미루어보면, 이들은 자신의 내면을 채우고 끊임없이 발전시켜나가길 원하는 것 같다. 이 유형에게 일과 놀이, 일과 자신이 분리되지 않을 수 있다. 이들은 자신이 일을 제대로 못하는 것 같거나 맡은 일에서 재량권이나 책임감을 느끼지 못하면, 이직을 시도할 것이다. 결과에 따르면, 이 유형은 이직의 어려움에 있어서도 수입상실이나 변화로 인한 불확실성, 기회부족에 대한 어려움을 다른 유형에 비해 적게 갖고 있는 것으로 나타났다. 본 연구에서 이 유형의 이직의도는 낮게 나타났지만, 이직하겠다고 마음먹으면 과감히 떠날 유형으로 보인다. 통계적으로 유의하지는 않았지만, 다른 유형들보다 실제 이직한 횟수가 많았다.

2. 연구의 제한점 및 후속연구에 대한 제언

일반적인 설문조사에 의하면, 사람들이 급여나 특별성과급과 같은 금전적 형태의 보상을 가장 선호하는 것으로 주로 발표되었다(공보처, 1996: 한국직업능력개발원, 1998). 그러나 본 연구결과에 의하면, 사람들은 자신들이 가지고 있는 경력개발에 대한 주관적 표상에 따라 선호하는 보상형태가 각기 다른 것으로 드러났다. 인습적 경력개발형은 많은 보수를 중시하고 제일 받고 싶어하지만, 똑같은 금전적 보상을 선호하더라도 현실주의적 경력개발형은 자기 행동의 정당한 대가로서 보수를 받는 것을 중시한다. 반면 주관적 경력개발형은 연봉과 같은 금전적 보상보다는 사회적 지지와 교육과 같은 보상을 더 선호하는 것으로 드러났다. 이것은 돈이 누구에게나 매력적인 보상요인으로 작동되지 않고 돈에 부여되는 심리적 의미가 다르므로, 금전적 보상에 의해 동기 부여되는 유형에게만 효과적일 수 있음을 보여주는 결과이다.

대체로 직장에서 근속년수가 증가할수록 여러 가지 경험을 통하여 직장생활의 만족도나 자기 일에 대한 만족도가 올라가게 된다고 생각하지만(Bray & Howard, 1983), 본 연구에서 연령이나 근속년수, 급여수준은 주관적인 삶의 만족도나 이직의도를 거의 설명하지 못하였다. 이런 인구통계학적 정보보다는 경력개발에 대한 사고특성이 삶에 대한 개인의 만족감과 이직하려는 의사를 더 효과적으로 설명할 수 있는 것 같다.

평생직장이 무너진 요즘 같은 시대에서 헤드헌팅 서비스가 제시하는 이직을 통한 경력관리방식을 가장 효과적으로 생각하고 자연스럽게 받아들이는 유형은 물질주의적 경력개발형일 가능성이 높다. 반면, 이직하고 싶어하면서도 막상 이직할 상황에서는 주저하는 성향을 보이는 인습적 경력개발형은 헤드헌터로부터 경력관리를 제대로 못하는 사람으로 또는 시대에 뒤떨어진 사람으로 취급받을 수 있다. 이 유형은 이직하고 싶어도 이직하지 못할 이유가 더 많아 곤란해 하므로, 모 신문기사(조선일보, 2004년 9월 20일자)에서 언급된 것처럼 이직문제를 점집에서 상담하는 직장인들일 수도 있다.

 그리고 본 연구에서 20대에는 주관적 경력개발형을 제외한 세 가지 경력개발유형의 분포가 거의 비슷했지만, 연령대가 높아질수록 인습적 경력개발형의 분포가 뚜렷하게 증가하였다. 이런 현상에 대해서 직장 초기에는 경력개발에 대한 다양한 사고방식을 가진 사람들이 공존하다가 직장의 근속년수가 증가하면서 다른 유형들은 조직생활에 견디지 못하고 떠나서 인습적 경력개발형이 남는 것인지, 아니면 직장생활을 하면서 이런 다양한 경력개발유형들이 인습적 경력개발형의 사고방식으로 변하는 것인지는 의문이 남는다. 이런 맥락에서 높은 연령집단으로 올라갈수록 물질주의적 경력개발형의 비율은 감소하고 주관적 경력개발형의 비율이 늘어나는 경향에 대해서도 생각해 볼 여지가 많은 것 같다.

 이런 의문을 해결하는 동시에 효과적인 조직 내 경력개발제도를 만들고자 한다면, 직장 초기 경력시기에 어떤 경력개발유형들 있고, 조직 내에서 근속년수가 늘어남에 따라 어떻게 변화되는지를 개인의 경력개발경로와 동일한 유형집단의 발달경로를 추적하는 방식으로 자료를 수집할 필요가 있다. 이를 통해 구성원의 심리적 특성이 반영된 경력개발제도의 맞춤서비스를 마련할 수 있을 것이다. 또한 이런 서비스는 자유로운 해고의 시대에 조직이 해고된 구성원들을 위해서 다른 조직의 일자리를 찾을 수 있도록 도움을 주는 제도(해고자 관리프로그램, outplacement program)를 마련하는 데 있어서도 유용하게 사용될 수 있을 것이다.

 그러나 본 연구의 가장 아쉬운 점은 표본의 문제로 인한 제한된 해석을 할 수밖에 없다는 것이다. 조직생활을 하는 경우와 그렇지 않은 경우의 성인들의 경력개발특성을 비교함에 있어서 대학원의 표본 수의 부족과 표집제한(연세대학교 대학원)으로 인해서 제대로 비교할 수 없었다. 또한 40대의 연령층의 절대 부족으로 인해 연령에 따른 경력개발유형의 분포와 심리적 특성을 비교한 결과를 해석하는 데 한계가 있었다. 이에 덧붙여, 경력개발유형에 대한 전체적인 패턴을 발견하는 것이 본 연구의 주된 목적이다 보니, 여성표본의 수가 부족하여 여성 인력개발에 대한 관심을 충족시키기에는 미흡했다. 그러나 본 연구에서 남성의 비율이 많았음에도 불구하고, 특히 '물질주의적 경력개발형'에만 남녀의 비율이 거의 비슷했던 점으로 보아 남성과 여성의 경력개발유형들의 패턴과 행동특성을 비교하고 경력시기별로 어떻게 변화되어 가는 지에 대한 후속연구가 필요할 것으로 생각된다.

글로벌사회화, 인구구조 및 기술의 변화, 고용관계의 변화 등으로 인해 일, 일터, 그리고 일의 형태에서의 급격한 변화가 일어나고 있다. 지금 같은 불확실성 시대에서도 사람들은 자기 나름대로의 사는 법을 배우면서 '포트폴리오 인간'이 되어가고 있다는 언급(Bridges, 1994)처럼, 이런 불확실성 속에서도 개인과 조직은 이에 적응하기 위한 나름의 노력을 기울이고 있다. 결국 사람들은 이런 사회적 변화의 새로운 맥락하에서 자신의 삶을 만들어 가기 위해서 자신의 인생선택과 인생설계에 몰두하게 된다. 그런 의미에서 한 개인의 경력개발은 자신의 발전을 위해 스스로 선택할 수 있는 자율성을 배가시키는 방향으로 변화된다고 볼 수도 있다. 과거에는 평생직장에서의 승진이 경력개발의 공식적 타입이었다면, 지금은 서로 다른 삶의 모양새를 갖는 비공식적 타입이 늘어나고 있는 것이다. 조직의 경우, 유연화된 노동시장으로 변화됨에 따라 잦은 이직으로 인한 비용과 손실을 줄이고 인재양성과 효과적인 성과를 내기 위해 조직구성원들의 특성과 욕구를 이해하고 그것을 고려할 필요성을 절감하고 있다. 이는 경력개발의 방면에서 사람들이 생각하고 추구하며 행동하는 방식을 어떻게 이해할 것인가에 대한 의문을 던지게 되며, 이에 대한 유용한 대답은 조직과 개인의 입장에서 구체적으로 어떤 노력을 할 수 있는지에 대한 초안을 필요로 한다.

본 연구는 사람들이 경력개발에 대해 모두 동일한 생각들, 즉 보편적이고 이상적인 형태의 생각을 가지고 있는 것이 아니라 개인의 특성과 그 삶의 맥락 내에서 겪게 되는 경험들을 통해 만들어진 다양한 생각들이 있을 것이라는 전제하에서 이루어졌다. 그 결과로 사람들이 주관적으로 갖고 있는 경력개발의 사고패턴이 어떤 유형들로 드러나는지를 알 수 있었고, 각 경력개발 유형의 특성에 따라 일과 조직생활에서 보이는 행동이 차이가 있음을 보여주었다. 발견된 경력개발유형의 특성은 개인의 고정된 특성이라기보다는 각 유형들이 처하거나 익숙하게 들어가 있는 맥락 속에서 개별 행동특성이 나름대로의 적응적인 가치를 가지고 있음을 의미하는 것이다.

경력개발은 회사측면에서 보면 가장 중요한 생산요소인 인적자원을 효과적으로 관리 육성하여 회사의 목표달성에 부합하는 핵심자원으로 만들기 위한 노력이며, 개인차원에서 본다면 개인이 자신의 재능과 기술과 역량들을 개발하여 자신의 가치와 자생력을 극대화하려는 노력으로 볼 수 있다. 따라서 본 연구가 회사나 개인차원에서 경력개발프로그램을 통한 상호간 상생의 효과를 얻기 위한 기초작업인 동시에, 사람들이 보이는 경력개발에 대한 다양한 사고방식과 행동적 특성을 이해하고 적용하는 데 필요한 참조의 틀이 되었으면 한다.

참고문헌

공보처(1996). 한국인의 의식·가치관 조사. 공보처.

구자숙, 한준, 김명언(1999). 세대 격차와 갈등의 사회심리적 구조. 심리과학, 서울대학교 사회과학대학 심리과학연구소.

김명언, 김의철, 박영신(2000). 청소년과 성인 간의 세대차이와 유사성. 한국심리학회지: 사회문제, 6(1), 181-204.

김성국, 김태은(1999). 경력개념의 변화와 미래방향에 관한 이론적 고찰. Ewha Management Review, 17(1), 5-29.

김양희(1998). 여성의 직업의식에 영향을 미치는 요인: 프로그램 개발을 위한 기초연구. 한국심리학회지: 사회 및 성격, 12(2), 97-117.

김의철(1998). 한국기업문화의 이해와 발전방향: 기업에서의 인력개발을 위한 모형탐색. 인재개발연구, 2, 68-101.

김재휘, 한미영, 김현주(2002). 인터넷서점 이용자의 웹 서비스에 대한 평가가 브랜드 신뢰 및 로열티에 미치는 영향. 한국심리학회지: 소비자·광고, 3(1), 33-51.

김헌수, 원유미(2000). Q 방법론, 교육과학사.

김흥국(2000). 경력개발의 이론과 실제. 서울: 학지사.

김홍규(1992). Q 방법론의 이해와 적용. 서강대언론문화연구소.

김홍규(1996). Q 방법론의 유용성 연구. 주관성연구, 1, 15-33.

김홍규(1998). 가치와 라이프스타일유형에 따른 소비자 특성연구. 광고학연구: 일반, 10(2), 177-197.

김홍규(1998). 한국 소비자의 가치체계연구: 궁극적 가치와 소비신념의 가치구조를 중심으로. 광고학연구, 9(4), 57-82.

나은영, 민경환(1998). 한국 문화의 이중성에 관한 소고. 사회과학연구, 제24집, 3-16.

나은영, 차재호(1999). 1970년대와 1990년대 간 한국인의 가치관 변화와 세대차 증감. 한국심리학회지: 사회 및 성격, 13(2), 37-60.

박성연(1996). 한국인의 라이프스타일유형과 특성. 마케팅연구, 11(1), 19-35.

박재홍(1995). 신세대의 일상적 의식과 하위문화에 관한 질적 연구. 한국사회학, 제29집(가을호), 651-683.

박재홍(1996). 기성세대의 생애사와 세대차이 인지에 관한 연구: 질적 접근. 한국사회학, 제33집(여름호), 257-296.

박종식(2003). 신자유주의 세계화와 기업 내부 노동시장 분절화 사례연구: 한국통신 계약직 노동자들의 고용변화를 중심으로. 연세대학교 석사학위 청구논문.

정철희(1997). 문화변동과 사회민주화: 탈물질주의의 가치와 공중－주도정치. 한국사회학, 제31집(봄호), 61-83.

조선일보(2004). 직장인 절반 이직문제 점집서 상담. 조선일보, 2004년 9월 20일자.

조혜정, 엄기호(1999). IMF 이후 라이프스타일의 변화에 대한 연구. 사회발전연구, 5, 연세대학교 사회발전연구소.

차재호(1987). 한국사회에서의 가치관의 변화와 적응문제. 현대사회, 7, 126-142.

채서일(1992). 체계적 분석의 틀에 따른 라이프스타일 연구. 소비자학연구, 3(1), 46-63.

최상진, 한규석(2000). 문화심리학적 연구방법론, 한국심리학회: 사회 및 성격, 14(2), 123-144.

탁진국(1999). 다운사이징 조직에서의 경력개발. 인문사회과학논문

집, 28, 153-170.

한국노동연구원(2002). 한국형 인적자원관리의 모색. 한국노동연구원.

한국여성개발원(1987). 여성과 직업의식. 한국여성개발원.

한국직업능력개발원(1998). 한국인의 직업의식조사. 한국직업능력개발원.

한규석, 신수진(1999). 한국인의 선호가치 변화 - 수직적 집단주의에서 수평적 개인주의로. 한국심리학회지: 사회 및 성격, 13(2), 293-310.

한덕웅, 이경성(2003). 한국인의 인생관으로 본 가치관 변화: 30년간 비교. 한국심리학회지: 사회 및 성격, 17(1), 49-67.

황상민(1997). 부모와 청소년 자녀 간의 세대차에 대한 사회인지적 분석. 한국심리학회지: 발달, 10(2), 152-166.

황상민(1999). 세대의 계열과 인생주기를 통한 미래사회 성격의 예측. 현상과 인식, 겨울호.

황상민, 김도환(2004). 한국인의 라이프스타일과 세대의 심리적 정체성: '세대차이' 연구를 위한 심리학적 모델. 한국심리학회지: 사회 및 성격, 18(2), 31-47.

황상민, 김도환(2003). 대통령 후보의 이미지 분석에 나타난 세대와 라이프스타일의 심리: 심리학연구의 사회적 의미에 대한 또 다른 탐색. 2003 한국사회 및 성격심리학회 춘계심포지움 자료집. 한국사회 및 성격심리학회.

황상민, 김지연(2003). 소비자 선호와 라이프스타일에 기초한 컨셉트 제품의 감성이미지 분석. 춘계학술대회 발표자료집. 대한인간공학회.

황상민, 양진영(2002). 한국사회의 세대집단에 대한 심리학적 탐색: 전이적 공존 관점을 통한 대학생 집단의 세대이미지 분석. 한국심리학회지: 사회 및 성격, 6(3), 75-93.

황상민, 양진영, 강영주(2003). 세대집단의 가치로 구분된 라이프스타일유형과 그에 따른 권위주의 성향의 비교. 한국심리학회지: 사회 및 성격, 17(2), 17-33.

황상민, 장근영(2003). 온라인 게이머의 라이프스타일과 집단유형. 춘계학술대회 발표자료집. 대한인간공학회.

황상민, 최은혜(2002). Q 방법론의 심리학적 적용과 해석의 문제: 객관성과 주관성의 이중주. 주관성연구, 한국주관성학회, 7, 4-26.

Aryee, S., Chay, Y. W., & Chew, J.(1994). An investigation of the predictors and outcomes of career commitment in three career stages. *Journal of Vocational Behavior*, 44, 1-16.

Aryee, S., & Tan, K.(1992). Antecedents and outcomes of career commitment, *Journal of Vocational Behavior*, 40, 288-302.

Baltes, P. B.(1993). The aging mind: Potential and limits. *Gerontologist*, 33, 580-594.

Bee, H. L.(2000). *The journey of adulthood(4th Ed.)*. Prentice Hall: New Jersey.

Bedian, A. G., Kemery, E. R., & Pizzolatto, A. B.(1991). Career commitment and expected utility of present predictors of turnover intentions and turnover behavior. *Journal of Vocational Behavior*, 39, 331-343.

Betz, N. E., & Fitzgerald, L. F.(1987). *The career psychology of women*. Orlando, FL: Academic Press.

Bray, D. W., & Howard, A.(1983). The AT&T longitudinal studies of managers. In K. W. Schaie(Ed.), *Longitudinal studies of adult psychological development*, New York: Guilford Press.

Breuer, F., Mruck, K. & Ruth, W. M.(2002, September). "Subjectivity and Reflexivity: An Introduction", *Forum Qualitative Sozialforshcung/Forum: Qualitative Social Research[On-line Journal]*, 3(3).

Bridges, F.(1994). *Job shift: How to prosper in a workplace without jobs.* Reading, MA: Addison-Wesley.

Brown, S. R.(1980). *Political Subjectivity.* Yale University Press.

Brown. D.(1996). Brown's value-based, holistic model of career and life-role choice and satisfaction. In Brown, D., & Brooks, L.(Eds.) *Career Choice and Development(3rd).* Jossey-Bass: San Francisco, 337-372.

Campbell, A.(1981). The sense of well-being. *American Psychologist, 31,* 117-124.

Clausen, J. A.(1993). *American lives: Looking back at the children of the Great Depression.* New York: Free Press.

Dalton, G. W.(1989). Developmental views of careers in organizations. In M. B. Arthur, D. T. Hall & B. S. Lawrence (Eds.), *Handbook of Career Theory.* Cambridge: Cambridge University Press.

Dawis, R. V., & Lofquist, L. H.(1984). *A psychological theory of work adjustment. Minneapolis:* University of Minnesota Press.

Easterlin, R. A.(1980). *Birth and fortune: The impact of numbers on personal welfare.* New York: Basic Books.

Eccles, J. S., & Midgley, C.(1989). Stage-environment fit: Developmentally appropriate classrooms for early adolescents. In R. E. Ames & C. A,es(Eds.), *Research on motivation in education.* New York: Academic Press.

Elder, G. H., Jr.(1974). *Children of the Great Depression: Social change in life experience.* Chicago: University of Chicago Press.

Elder, G. H., Jr.(1975). Age differentiation and the life course. *Annual Review of Sociology, 1,* 165-190.

Elder, G. H., Jr.(1998). The life course and human development.

In Lerner, R. M.(Ed.), Handbook of Child Development (Vol. 1): *Theoretical Model of Human Development*, New York: Wiley.

Elder, G. H., Jr., Shanahan, M. J., & Clipp, E. C.(1994). When war comes to men's lives: Life course patterns in family, work, and health[Special issue]. *Psychology and Aging, 9(1)*. 5-16.

Gjerde, P.(2001). Trajectories toward and away from resiliency: A study of developmental prototypes from preschool into young adulthood. 연세대학교 인간행동연구소 제1회 국제심포지엄(미간행), 연세대학교 인간행동연구소.

Gleitman, H.(1999). 심리학－4판(장현갑 외 역). 시그마프레스.

Greenhaus, J. H.(1987). *Career management*. Hinsdale, IL: Dryden.

Gutmann, D.(1987). *Reclaimed powers: Toward a new psychology of men and women in later life*. New York: Basic Books.

Hall, D. T.(1976). *Careers in organizations*. Glenview, IL: Scott, Foresman.

Hall, D. T.(1996). Protean careers of the 21st century. *Academy of Management Executive, 10(4)*, 8-16.

Hall, D. T.(2002). *Careers in and out of organizations*. Sage Publications.

Hansen, L. S.(2001). Integrating work, family and community through holistic life planning. *The Career Development Quarterly, 49(3)*, 261-274.

Herr, E. L.(2001). Career development and its practice: A historical perspective, *The Career Development Quarterly, 49(3)*, 196-211.

Holland, J. L.(1973). *Making vocational choices: A theory of careers*. Englewood cliffs, NJ: Prentice Hall.

Inglehart, R.(1997). *Modernization and post modernization: Cultural, economic, and political change in 43 societies.* Princeton, NJ: Princeton University Press.

Kerlinger, F. N.(1972). A Q-validation of the structure of social attitudes. *Educational and Psychological Measurement, 32.*

Kotter, J. P.(1996). 새로운 법칙들(이병선 역). 사민서각.

Kraut, A. I.(1975). Predicting turnover of employees from measured job attitudes. *Organizational Behavior and Human Performance, 13,* 233-243.

Lawler, E. E.(1983). *Satisfaction and Behavior.* New York: McGrow Hill.

Lazer, W.(1963). *Lifestyle concepts and marketing, in toward scientific marketing ed.,* S.A. Greyser, Chicago, IL: American Marketing Association, 130-139.

Lerner, R. M.(1982). Children and adolescents as producers of their own development. *Developmental Review, 2(4),* 342-370.

Lerner, R. M.(1986). *Concepts and theories of human development (2nd ed.).* New York: Random House.

Levinson, D. J.(1977). *The seasons of a Man's life.* New York: Ballentine Books.

Markus, H., & Wurf, E.(1987). The dynamic self-concept: A social psychological perspective. In M. R. Rosenzweig & L. W. Porter(Eds.), *Annual Review of Psychology.*(Vol. 38). Palo Alto, CA: Annual Reviews.

Marsiske, M., Lang, F. R., Baltes, P. B., & Baltes, M. M.(1995). Selective optimization with compensation: Life-span prespec- tives on successful human development. In R. A. Dixon & L.

Backamn(Eds.), *Compensation of psychological deficits and declines: Managing losses and promoting gains.* Mahwah, NJ: Erlbaum.

McKeown, B., & Thomas, D.(1988). *Q Methodology.* Beverly Hills, CA: Sage Publication Inc.

Mobley, W. H., Horner, S. O., & Hollingworth, A. T.(1978). An evaluation of precursors of hospital employee turnover. *Journal of Applied Psychology, 63,* 408-414.

Moscovici, S.(1961). *La psychanalyse: Son image et son public.* Paris: Presses Universitaires de France.

Mugny, G., & Carugati, F.(1989). *Social represntations of intelligence.* NY: Cambridge Universitiy Press.

Near, J. P., Smith, C. A., Rice, R. W., & Hunt, R. G.(1983). Job satisfaction and nonwork satisfaction as components of life satisfaction. *Journal of Applied Social Psychology, 13(2),* 126-144.

Neugarten, B. L.(1968). *Middle age and aging: A reader in social psychology.* Chicago: University of Chicago Press.

Nickols, S. Y., & Nickols, S. A.(1980). Ethical issues in changing lifestyles. *Journal of Home Economics, Summer,* 24-27.

Nordvik, H.(1996). Relationships between Holland's vocational typology, Schein's career anchors and Myers-Briggs' types. *Journal of Occupational and Organizational Psychology, 69,* 263-275.

Ozer, D. J.(1993). *The Q-sort method and the study of personality development: Studying lives through time: personality and development.* WA: American Psychological Association.

Parsons, F.(1909). *Choosing a vocation*. Boston: Houghton Mifflin.

Price, J. L., & Mueller, C. W.(1981). A causal model of turnover for nurses. *Academy of Management Journal, 24(3)*, 543-565.

Purkhardt, S. C.(1993). *Transforming social representation*. New York: Routledge.

Rice, R. W., Near, J. P., & Hunt, R. G.(1979). Unique variances in job and life satisfaction associated with work-related and extra-workplace variables. *Human Relations, 32*, 605-623.

Rifkin, J.(1995). *The end of work: Technology, jobs, and your future*. New York: Putnam.

Rodgers, W. L., & Thornton, A.(1985). Changing patterns of first marriage in the United States. *Demography, 22(2)*. 265-279.

Ryder, N. B.(1965). The cohort as a concept in the study of social change. *American Sociological Review, 30(6)*, 843-861.

Schein, E. H.(1996). Career anchors revisited: Implications for career development in the 21st century. *Academy of Management Executive, 10(4)*, 80-88.

Sears, S.(1982). A definition of career guidance terms: A national vocational guidance perspective. *Vocational Guidance Quarterly, 31*, 137-143.

Solomon, M. R.(1994). *Consumer Behavior(2nd Ed.)*. Needham Heights, MA: Allyn & Bacon.

Spokane, A. R.(1991). *Career intervention*. Englewood Cliffs. NJ: Prentice-Hall.

Stephenson, W.(1953). *The Study of Behavior: Q-Technique and*

Its Methodology. The Univ. of Chicago Press.

Stephenson, W.(1978). Concurse theory of communication. *Communi cation, 3*, 21-40.

Stewart, A. J., & Healy, J. M., Jr.(1989). Linking individual development and social change. *American Psychologist, 44*, 413-420.

Stroud, J. G.(1981). Women's careers: Work, family, and personality. In D. H. Eichorn, J. A. Clausen, N. Haan, M. P. Honzik, & P. H. Mussen(Eds.), *Present and past in midlife*. New York: Academic Press.

Super, D. E.(1957). *The psychology of careers*. New York: Harper & Row.

Super, D. E.(1985). Coming of age in Middletown: Careers in the making. *American Psychologist, 40*, 405-414.

Super, D. E.(1990). A life-span, life-space approach to career development. In D. Brown, L. Brooks, & Assoc.(Eds.), *Career choice and development: Applying contemporary to practice (2nd ed.)*. San Francisco: Jossey-Bass.

Triandis, H.(1995). *Individualism and collectivism*. Boulder, COWestview Press.

부 록

부록 1. Q 분석에서 나온 Q 요인의 문항들, 표준점수, 평균과 표준편차

	문 항	표준 점수	평균	표준 편차
요인 1	주변사람(가족, 친구, 친지)이 뭐라 해도 내가 원하는 일이라면 기어이 하고야 만다	1.61	8.12	2.21
	일은 돈버는 수단이 아니라 자기 성장의 과정이다	1.57	8.06	2.02
	내가 재밌고 원하는 일이면, 보수가 얼마든지 상관없이 일 한다	1.52	7.88	1.69
	좋아하는 일을 할 수 있다면, 보수 없이 최소 1년은 일할 수 있다	1.38	7.82	1.62
	남과 다른 독특한 경험을 할 수 있다면, 보수나 직위는 문제가 되지 않는다	1.20	7.65	1.50
	내가 하는 일과 관련하여 찾기만 하면 새로운 기회는 언제든 있다	1.92	8.77	1.35
	'기다리는 자에게 좋은 일이 생기듯' 포기하지 않고 일하면 언젠가는 보상을 받게 된다고 생각한다	1.57	8.12	2.01
	학위나 자격증보다 실무경력이 더 중요하다	1.15	7.88	1.65
	나이가 들어감에 따라 이전에 무시했던 가치나 관심사에 주목하게 된다	1.70	8.47	2.07
	일찍부터 미래를 설계하고 준비하는 사람은 확실히 성공한다	1.33	7.88	1.62
요인 2	졸업 후 3년 이내 직업을 갖지 못하면 그 사람은 문제가 있다	-1.37	4.12	1.54
	20대에 진로를 잘못 선택하게 되면, 40대 이후에는 돌이킬 수 없게 된다	-1.27	4.41	1.91
	시행착오를 통해 경력을 개발하는 것은 어리석다	-1.26	4.59	2.09
	나는 회사에 남아있기 위해서 부여되는 일이라면, 무엇이든 다 한다	-2.03	2.94	1.75
	사회에서 인정하는 뜨는 직업에 종사하는 것이 성공하는 지름길이다	-1.92	3.18	1.43
	이력서만으로 그 사람이 얼마나 유능한 지 알 수 있다	-1.91	3.35	2.26
	원하는 일이나 직장이 아니라도 일단 취직하고 본다	-1.77	3.77	2.19
	좋아하는 일을 하며 사는 것은 먹고 살 걱정이 없는 사람들이 하는 얘기다	-1.15	4.35	1.62
	나이 때문에 원하지도 않는 직장생활을 계속 한다	-1.13	4.35	2.06
	타고난 재능을 찾는 방법을 나만 모른다	-1.55	3.77	1.79

	문 항	표준 점수	평균	표준 편차
요인 3	하고 싶은 일만 하면서 성공한 사람은 별로 없다	2.37	9.40	1.35
	직업을 바꿔야 할 때는 타이밍이 가장 중요하다	1.92	8.50	1.78
	일에서의 성공은 '운칠기삼(운 30%, 재주 70%)'이다	1.58	8.00	2.36
	어떤 경력변화든지 단 하나의 진정한 자기 모습을 찾아야만 가능하다는 것은 환상에 불과하다	1.25	7.60	1.27
	특별한 기술이나 자격을 가진 사람이 전직, 이직, 혹은 창업을 더 잘한다	1.06	7.50	1.35
	사회에서 내가 어떤 사람인지는 나의 직업이 말해준다	1.04	7.10	2.38
	다음 직업이 정해지지 않은 상태에서 대책 없이 직장을 그만둘 수 없다	2.04	8.60	1.43
	일찍 일어나는 새가 먹이를 잡는다는 속담은 정말 맞다	1.24	7.60	2.459
	경력전환에 성공하려면 사회변화와 흐름을 잘 파악하는 것이 가장 중요하다	1.91	8.80	1.93
	나이가 들어감에 따라 이전에 무시했던 가치나 관심사에 주목하게 된다	2.29	9.40	1.73
요인 4	남과 다른 독특한 경험을 할 수 있다면, 보수나 직위는 문제가 되지 않는다	-1.71	3.80	1.48
	내가 재밌고 원하는 일이면, 보수가 얼마든지 상관없이 일 한다	-1.64	4.20	2.57
	이직은 몸값 상승이나 능력인정을 의미한다	-1.26	4.70	2.06
	열심히 일하다 보면 돈은 저절로 따라온다	-1.09	4.60	1.71
	20대의 실패는 인정될 수 있지만, 30대 이상의 실패는 개인의 무능력함에 대한 증거이다	-1.66	3.80	2.15
	경력개발은 시간이 지남에 따라 자연스럽게 이루어지는 것이다	-1.17	4.50	1.65
	좋아하는 일을 할 수 있다면, 보수 없이 최소 1년은 일할 수 있다	-1.15	4.60	2.36
	현재 직장의 요구에 최선을 다하는 것이 평생직장을 확보하는 지름길이다	-1.41	4.30	1.77
	돈을 벌기 위해서 일한다고 말하면 왠지 속물스럽다	-1.34	4.10	1.59
	타고난 재능을 찾는 방법을 나만 모른다	-1.19	4.50	1.65
요인 5	자기 일에서의 성공은 개인 노력의 결과이므로, 실패의 책임도 개인에게 있다	2.25	9.38	1.30
	아무리 재밌고 성취감을 느끼는 일이라도 그에 상응하는 보수나 인정을 받지 못하면 소용없다	1.61	8.50	1.51
	비즈니스 이벤트 행사나 각종 모임에 적극적으로 자신을 소개한다	1.34	7.38	2.33
	일찍 일어나는 새가 먹이를 잡는다는 속담은 정말 맞다	1.71	8.50	1.60
	내가 하는 일과 관련해서 찾기만 하면 새로운 기회는 언제든 있다	1.68	8.13	2.16
	'기다리는 자에게 좋은 일이 생기듯' 포기하지 않고 일하면 언젠가는 보상을 받게 된다고 생각한다	1.46	8.25	1.28
	임원이든, 경력이든, 신입이든 컴퓨터와 영어준비는 기본이다	1.39	7.75	2.12
	다음 직업이 정해지지 않은 상태에서 대책 없이 직장을 그만둘 수 없다	1.34	8.13	1.25
	일찍부터 미래를 설계하고 준비하는 사람은 확실히 성공한다	2.32	9.25	0.89
	경력전환에 성공하려면 사회변화와 흐름을 잘 파악하는 것이 가장 중요하다	1.33	8.25	1.49

	문 항	표준점수	평균	표준편차
요인 6	해고는 전직할 수 있는 좋은 기회이다	-1.39	4.13	2.17
	일에서의 성공은 '운칠기삼(운30%,재주70%)'이다	-1.36	4.13	1.89
	직장은 대략 3-5년에 한번씩 옮겨 몸값을 높이는게 좋다	-1.32	3.88	1.55
	사회에서 인정하는 뜨는 직업에 종사하는 것이 성공하는 지름길이다	-1.90	3.38	1.41
	좋아하는 일을 할 수 있다면, 보수 없이 최소 1년은 일할 수 있다	-1.68	0.35	2.56
	경력개발은 시간이 지남에 따라 자연스럽게 이루어지는 것이다	-1.36	4.13	1.39
	좋아하는 일을 하며 사는 것은 먹고 살 걱정이 없는 사람들이 하는 얘기다	-1.10	4.25	1.89
	돈을 벌기 위해서 일한다고 말하면 왠지 속물스럽다	-1.58	3.88	2.53
	타고난 재능을 나만 모른다	-1.54	3.50	1.07
	현재 직장의 요구에 최선을 다하는 것이 평생직장을 확보하는 지름길이다	-1.12	4.75	2.43
요인 7	나만의 가치를 높일 수 있다면, 언제든 이직할 수 있다	1.76	8.63	1.46
	나는 성공한 사람들과 함께 일함으로써 성공할 수 있다고 생각한다	1.19	7.81	1.83
	연봉은 내 능력의 가치이자 성공의 지표이다	1.18	7.38	1.78
	좋아하는 일을 찾으려면 하기 싫은 일을 해봐야 한다	1.10	7.31	1.62
	어디서 일을 시작했느냐가 나중에까지 중요한 영향을 미치므로 첫 직장이 중요하다	1.08	7.25	2.49
	임원이든, 경력이든, 신입이든 컴퓨터와 영어준비는 기본이다	1.94	8.81	1.43
	학위나 자격증보다 실무경력이 더 중요하다	1.37	8.13	2.09
	경력전환에 성공하려면 사회변화와 흐름을 잘 파악하는 것이 가장 중요하다	2.21	9.31	1.58
	일찍부터 미래를 설계하고 준비하는 사람은 확실히 성공한다	1.83	8.44	2.09
	나이가 들어감에 따라 이전에 무시했던 가치나 관심사에 주목하게 된다	1.47	8.19	1.97
요인 8	직업을 자주 바꾸는 사람은 삶의 목표가 불분명한 사람이다	-1.41	4.06	1.48
	아무리 좋아하고 재미있어 하는 일도 직업이 되면 재미없어지는 법이다	-1.38	4.06	1.44
	나는 회사에 남아있기 위해서 부여되는 일이라면, 무엇이든 다 한다	-2.21	2.88	1.31
	시행착오를 통해 경력을 개발하는 것은 어리석다	-1.82	3.56	1.50
	원하는 일이나 직장이 아니라도 일단 취직하고 본다	-1.70	3.44	1.75
	이력서만으로 그 사람이 얼마나 유능한지를 알 수 있다	-1.68	3.50	1.79
	20대의 실패는 인정될 수 있지만, 30대 이상의 실패는 개인의 무능력함에 대한 증거이다	-1.34	4.19	1.43
	나이 때문에 원하지도 않는 직장생활을 계속한다	-1.16	4.19	1.33
	돈을 벌기 위해서 일한다고 말하면 왠지 속물스럽다	-1.52	4.00	2.19
	현재 직장의 요구에 최선을 다하는 것이 평생직장을 확보하는 지름길이다	-1.23	4.18	1.27

부록 2. R 방법의 요인분석을 통한 8개 요인과 해당 문항, 그리고 요인값

요인	문 항	요인값
요인 1	·특별한 기술이나 자격을 가진 사람이 전직, 이직, 혹은 창업을 더 잘한다	.567
	·어디서 일을 시작했느냐가 나중에까지 중요한 영향을 미치므로 첫 직장이 중요하다	.547
	·일찍부터 미래를 설계하고 준비하는 사람은 확실히 성공한다	.525
	·나는 성공한 사람들과 함께 일함으로써 성공할 수 있다고 생각한다	.440
	·20대에 진로를 잘못 선택하게 되면, 40대 이후에는 돌이킬 수 없게 된다	.437
	·일찍 일어나는 새가 먹이를 잡는다는 속담은 정말 맞다	.432
	·사회에서 내가 어떤 사람인지는 나의 직업이 말해준다	.428
	·졸업 후 3년 이내 직업을 갖지 못하면 그 사람은 문제가 있다	.417
	·연봉은 내 능력의 가치이자 성공의 지표이다	.412
	·해고는 전직할 수 있는 좋은 기회이다	-.373
	·다음 직업이 정해지지 않은 상태에서 대책 없이 직장을 그만둘 수 없다	.315
요인 2	·열심히 일하다보면 돈은 저절로 따라온다	.618
	·일은 돈버는 수단이 아니라 자기 성장의 과정이다	.608
	·'기다리는 자에게 좋은 일이 생기듯이' 포기하지 않고 일하면 언젠가는 보상을 받게 된다고 생각한다	.539
	·자기 일에서의 성공은 개인노력의 결과이므로, 실패의 책임도 개인에게 있다	.492
	·주변사람(가족 ,친구, 친지)이 뭐라고 해도 내가 원하는 일이라면 기어이 하고야 만다	.480
	·내가 하는 일과 관련하여 찾기만 하면 새로운 기회는 언제든 있다	.416
요인 3	·타고난 재능을 찾는 방법을 나만 모른다	.626
	·원하는 일이나 직장이 아니라도 일단 취직하고 본다	.623
	·나는 회사에 남아있기 위해서라면 부여되는 일은 무엇이든 다 한다	.580
	·나이 때문에 원하지도 않는 직장생활을 계속 한다	.524
	·좋아하는 일을 하며 사는 것은 먹고 살 걱정이 없는 사람들이 하는 얘기다	.458
	·아무리 좋아하고 재미있어 하는 일도 직업이 되면 재미없어지는 법이다	.324
	·직업을 자주 바꾸는 사람은 삶의 목표가 불분명한 사람이다	.310
요인 4	·직업을 바꿔야 할 때는 타이밍이 가장 중요하다	.581
	·임원이든 경력이든, 신입이든 컴퓨터와 영어준비는 기본이다	.566
	·경력전환에 성공하려면 사회변화와 흐름을 잘 파악하는 것이 가장 중요하다	.533
	·좋아하는 일을 찾으려면 하기 싫은 일을 해봐야 한다	.506
	·나이가 들어감에 따라 이전에 무시했던 가치나 관심사에 주목하게 된다	.503

요인	문　항	요인값
요인 5	· 좋아하는 일을 할 수 있다면, 보수 없이 최소1년은 일할 수 있다	.773
	· 내가 재미있고 원하는 일이면, 보수가 얼마든지 상관없이 일한다	.705
	· 남과 다른 독특한 경험을 할 수 있다면, 보수나 직위는 문제가 되지 않는다	.624
	· 아무리 재미있고 성취감을 느끼는 일이라도 그에 상응하는 보수나 인정을 받지 못하면 아무런 소용없다	-.532
요인 6	· 이력서만으로 그 사람이 얼마나 유능한 지 알 수 있다	.658
	· 사회에서 인정하는 뜨는 직업에 종사하는 것이 성공하는 지름길이다	.614
	· 비즈니스 이벤트 행사나 각종 모임에 적극적으로 자신을 소개한다	.601
	· 시행착오를 통해 경력개발하는 것은 어리석다	.362
	· 현재 직장의 요구에 최선을 다하는 것이 평생직장을 확보하는 지름길이다	.346
	· 돈을 벌기 위해 일한다고 말하면 왠지 속물스럽다	.345
요인 7	· 직장은 대략 3-5년에 한번씩 옮겨 몸값을 높이는게 좋다	.708
	· 나만의 가치를 높일 수 있다면, 언제든 이직할 수 있다	.666
	· 일에서의 성공은 운칠기삼이다	.349
	· 이직은 몸값 상승이나 능력인정을 의미한다	.344
요인 8	· 하고 싶은 일만 하면서 성공한 사람은 별로 없다	.536
	· 학위나 자격증보다 실무경력이 더 중요하다	.536
	· 어떤 경력변화든지 단 하나의 진정한 자기 모습을 찾아야만 가능하다는 것은 환상에 불과하다	.438

부록 3. 각 라이프스타일유형의 특성 확인을 위한 기준

유 형	높은 성향의 가치	중간 성향	낮은 성향의 가치	특 징
물질주의적 신봉건형	▲ 부르조아 ▲ 남아선호 ▲ 수평적개인주의 ▲ 수평적집합주의	◎ 가부장적태도 ◎ 사이버보헤미안 ◎ 개방성 ◎ 전통가치 ◎ 여피 ◎ 수직적개인주의 ◎ 수직적집합주의	▼ 사회의식	・물질주의적이다: 자신을 포함한 가족을 위해 성공하길 원한다 ・보수적이다: 성역할 고정관념적이다 ・수평주의적이다: 자신이 중심이 되어 타인과 협력한다 ・사회의식이 낮다: 사회나 정치문제에 관심 없다
개인주의적 보보스형	▲ 여피 ▲ 수직적개인주의 ▲ 사이버보헤미안 ▲ 부르조아 ▲ 수평적개인주의	◎ 가부장적태도 ◎ 남아선호 ◎ 개방성 ◎ 전통가치 ◎ 사회의식 ◎ 수직적집합주의	▼ 수평적집합주의	・굉장히 물질주의적이다: 물질적 성공과 사회적 성공을 원하며, 즐기고 성공하기 위한 것에 가치를 둔다 ・개인주의적이다: 자신이 중심이 되며, 타인과 경쟁하고 이기고 싶어한다 ・보헤미안적이다: 자기 계발과 표현에 익숙하다 ・타인과 함께 하길 꺼린다
현실주의적 동조형		◎ 가부장적태도 ◎ 남아선호 ◎ 개방성 ◎ 여피 ◎ 전통가치 ◎ 사회의식 ◎ 수직적집합주의 ◎ 수평적집합주의	▼ 수직적개인주의 ▼ 부르조아 ▼ 수평적개인주의 ▼ 사이버보헤미안	・뚜렷하게 높은 성향이 없다 ・개인주의를 싫어한다: 자기중심적이고 타인과 경쟁하길 원하지 않는다 ・물질적이지 않다: 재미나 경제적 성공을 원하지 않는다 ・보헤미안적이지 않다: 자기개발과 표현에 익숙하지 않다
공동체적 개방형	▲ 개방성 ▲ 수평적집합주의	◎ 사이버보헤미안 ◎ 부르조아 ◎ 사회의식 ◎ 수직적개인주의 ◎ 수평적개인주의	▼ 남아선호 ▼ 가부장적태도 ▼ 여피 ▼ 수직적집합주의 ▼ 전통가치	・개방적이다: 다양성과 이질적인 것에 대해 호의적이다 ・타인과 함께 공유하고 협력하길 좋아한다 ・보수적인 것을 싫어한다, 전통적인 가르침이나 성고정관념적인 것을 싫어한다 ・물질적인 성공이 바탕이 된 사회적 성공을 원하지 않는다 ・권위나 서열에 의한 집합주의적인 것을 싫어한다

유 형	높은 성향의 가치	중간 성향	낮은 성향의 가치	특 징
전통주의적 보수형	▲ 남아선호 ▲ 가부장적태도 ▲ 수직적집합주의 ▲ 전통가치 ▲ 사회의식 ▲ 부르조아 ▲ 수평적집합주의	◎ 사이버보헤미안 ◎ 여피 ◎ 수직적개인주의 ◎ 수평적개인주의	▼ 개방성	· 지나치게 보수적이다: 전통적 성향이 강하다 · 집합주의적이다: 가족이나 조직을 위한 의무를 기꺼이 이행하고 타인과의 공유나 협력하길 원한다 · 사회의식이 높다: 사회적 변화에 관심이 많다 · 물질주의적이다: 자기와 가족을 위해 경제적으로 풍요하기 원하며 즐기고 싶어한다

▲: 가치범주의 성향이 뚜렷하게 높은 경우, ◎: 가치범주의 성향이 중간적인 경우, ▼: 가치범주의 성향이 뚜렷하게 낮은 경우

부록 4. 경력개발유형과 그 특성 및 특징적 요인 개요

유 형	특 성	특징적 요인
주관적 경력개발형	내적통제감을 가지고 자신의 뜻을 굽히지 않고 성취하려는 형. 시간에 얽매이지도 않고, 자신이 통제할 수 없는 환경적 요인을 무시함. 동시에 미래를 위해 뭔가를 계획하거나 특별한 준비가 필요하다고 생각하지 않음. 한 우물을 파거나 좋아하는 일을 쫓아 다니다보면 언젠가는 뜻을 이루고 보상을 받는다고 생각함	▲ 내적가치중시, 자기 주도성 ◎ ▼ 시간규범중시, 상황주 도성, 경력준비성
인습적 경력개발형	자신만의 기준이 없이 인습적이고 규범적인 기준을 따르는 형. 삶의 도구로서 일에 대한 태도. 경력개발에 있어서 개인주도적인 대세에 불만과 불안을 느낌. 해고되지 않기 위해서 혹은 나이 때문에 열심히 일함	▲ 시간규범중시, 상황주 도성, 경력경직성 ◎ ▼ 내적가치중시, 자기 주도성
현실주의적 경력개발형	유행하는 경력개발방식보다는 실제적이고 구체적인 방식을 따르는 형. 내적성취를 이루기 위해서 규범적인 시간에 맞도록 노력하고 준비하는 것이 특징. 시간과 상황적 요인을 고려하기에 미리 준비하는 노력을 보임	▲ 경력준비성 ◎ 내적가치중시, 상황주 도성, 시간규범중시 ▼ 경력관념성
물질주의적 경력개발형	오직 외적성취만이 중요하고 자기 일에 대한 사회적 인정과 외적지표에 의해 측정되는 것을 당연하게 여김. 세상사가 외적통제에 의해 더 영향을 받는다는 믿음이 있기에 때를 놓치지 않고 사회적/물질적 성공을 이루려기 위한 구체적인 노력과 준비를 함	▲ 외적가치중시 ◎ 내적가치중시, 상황 주도성, 시간규범중 시, 경력준비성, 경 력경직성 ▼

▲: 높은 성향, ◎: 중간 성향, ▼: 낮은 성향

부록 5. 경력개발유형별 1위로 선호하는 보상의 빈도분포

	주관적 경력개발형	인습적 경력개발형	현실주의적 경력개발형	물질주의적 경력개발형	전 체
실적포상금	9	35	23	25	92
	1.8%	6.2%	4.1%	4.4%	16.2%
퇴직금	0	0	1	2	3
	0.0	0.0%	0.2%	0.4%	0.5%
연공제	0	1	0	0	1
	0.0%	0.2%	0.0%	0.0%	0.25
연봉제	9	25	20	17	71
	1.6%	4.4%	3.5%	3.0%	12.5%
성과배분제	8	12	8	7	35
	1.4%	2.1%	1.4%	1.2%	6.2%
스톡옵션	0	13	8	5	26
	0.0%	2.3%	1.4%	0.9%	4.5%
근속포상금	0	4	0	1	5
	0.0%	0.7%	0.0%	0.2%	0.9%
정년보장	3	21	1	9	34
	0.5%	3.7%	0.2%	1.6%	6.0%
복리후생	3	2	7	2	14
	0.5%	0.4%	1.2%	0.4%	2.5%
자녀양육지원	1	2	1	1	5
	0.2%	0.3%	0.2%	0.2%	0.9%
상사/동료인정	13	12	15	16	56
	2.3%	2.1%	2.6%	2.8%	9.9%
공식적인정/특권	3	2	0	4	9
	0.5%	0.4%	0.0%	0.7%	1.6%
고객/헤드헌터인정	1	0	5	0	6
	0.2%	0.0%	0.9%	0.0%	1.1%
교육기회	10	22	16	26	74
	1.8%	3.9%	2.8%	4.6%	13.1%
고속승진	2	14	8	7	31
	0.4%	2.5%	1.4%	1.2%	5.5%
원하는 부서로 이동	1	3	0	4	8
	0.2%	0.5%	0.0%	0.7%	1.4%
안식년	1	3	6	5	15
	0.2%	0.5%	1.0%	0.9%	2.6%
포상휴가	3	3	6	7	19
	0.5%	0.5%	1.1%	1.2%	3.4%
자율적근무	5	7	7	12	31
	0.9%	1.2%	1.2%	2.1%	5.4%
여가활동지원	1	4	3	1	9
	0.2%	0.7%	0.5%	0.3%	1.7%
휴가일 자율선택	2	0	1	1	4
	0.4%	0.0%	0.2%	0.2%	0.7%
정시출퇴근보장	1	8	5	5	19
	0.2%	1.4%	0.9%	0.9%	3.3%
전 체	76	193	141	157	567
	13.4%	34.0%	24.9%	27.7%	100.0%

부록 6. 설문지 내용

No.

안녕하십니까?

바쁘신 와중에도 본 설문조사에 응해주신 것을 깊이 감사드립니다.

본 설문지는 한국인의 가치관과 라이프스타일에 관한 것입니다.

모든 사람들이 서로 다른 생각을 가지고 있기에, 여기에는 맞고 틀리는 답은 없습니다.

따라서 일상생활에서 자신이 보이는 생활태도나 평소 생각을 기준으로, 각각의 문항에 대해 있는 그대로 솔직하게 응답해주시면 됩니다.

귀하께서 **이 설문지에 응답하신 내용은 연구목적 이외에는 절대 사용되지 않으며, 통계법 제13조에 의거 비밀이 보장됩니다.** 다시 한번 바쁘신 가운데 잠시 귀한 시간을 내주셔서 대단히 감사합니다.

2004년 11월

연구자: 황상민

연세대학교 심리학과 교수

(☎ 02-2123-2439, swhang@yonsei.ac.kr)

양진영

연세대학교 심리학과 박사과정

(☎ 02-361-1282, siru@yonsei.ac.kr)

※ 먼저 일과 직업에 대한 질문들입니다. 다음의 각 항목에 대해 자신은 어떻게
생각하는지에 따라서, "매우 그렇다"의 경우 6점, "전혀 그렇지 않다"의 경우
1점으로 답변해주시기 바랍니다.

	설문 항목	전혀 그렇지 않다 매우 그렇다
1	일에서의 성공은 '운칠기삼(運七技三: 운 70%, 재주 30%)'이다	1—2—3—4—5—6
2	해고는 전직할 수 있는 좋은 기회이다	1—2—3—4—5—6
3	자기 일에서의 성공은 개인 노력의 결과이므로, 실패의 책임도 개인에게 있다	1—2—3—4—5—6
4	20대의 실패는 인정될 수 있지만, 30대 이상의 실패는 개인의 무능력함에 대한 증거이다	1—2—3—4—5—6
5	나이 때문에 원하지도 않는 직장생활을 계속 한다	1—2—3—4—5—6
6	나는 회사에 남아있기 위해서라면 부여되는 일은 무엇이든지 다 한다	1—2—3—4—5—6
7	나이가 들어감에 따라 이전에 무시했던 가치나 관심사에 주목하게 된다	1—2—3—4—5—6
8	어떤 경력변화든지 단 하나의 진정한 자기 모습을 찾아야만 가능하다는 것은 환상에 불과하다	1—2—3—4—5—6
9	나는 성공한 사람들과 함께 일함으로써 성공할 수 있다고 생각한다	1—2—3—4—5—6
10	내가 하는 일과 관련하여 찾기만 하면 새로운 기회는 언제든 있다	1—2—3—4—5—6
11	사회에서 내가 어떤 사람인지는 나의 직업이 말해준다	1—2—3—4—5—6
12	임원이든, 경력이든, 신입이든 컴퓨터와 영어준비는 기본이다	1—2—3—4—5—6
13	직업을 바꿔야 할 때는 타이밍이 가장 중요하다	1—2—3—4—5—6
14	좋아하는 일을 찾으려면 하기 싫은 일을 해봐야 한다	1—2—3—4—5—6
15	직장은 대략 3-5년에 한번씩 옮겨 몸값을 높이는게 좋다	1—2—3—4—5—6
16	어디서 일을 시작했느냐가 나중에까지 중요한 영향을 미치므로 첫 직장이 중요하다	1—2—3—4—5—6
17	경력개발은 시간이 지남에 따라 자연스럽게 이루어지는 것이다	1—2—3—4—5—6
18	직업을 자주 바꾸는 사람은 삶의 목표가 불분명한 사람이다	1—2—3—4—5—6
19	일찍부터 미래를 설계하고 준비하는 사람은 확실히 성공한다	1—2—3—4—5—6
20	이직은 몸값 상승이나 능력 인정을 의미한다	1—2—3—4—5—6
21	타고난 재능을 찾는 방법을 나만 모른다	1—2—3—4—5—6

	설문 항목	전혀 그렇지 않다 매우 그렇다
22	원하는 일이나 직장이 아니라도 일단 취직하고 본다	1—2—3—4—5—6
23	돈을 벌기 위해 일한다고 말하면 왠지 속물스럽다	1—2—3—4—5—6
24	좋아하는 일을 하며 사는 것은 먹고 살 걱정이 없는 사람들이 하는 얘기이다	1—2—3—4—5—6
25	'기다리는 자에게 좋은 일이 생기듯이' 포기하지 않고 일하면, 언젠가는 보상을 받게 된다고 생각한다	1—2—3—4—5—6
26	아무리 좋아하고 재미있어 하는 일도 직업이 되면 재미없어지는 법이다	1—2—3—4—5—6
27	졸업 후 3년 이내 직업을 갖지 못하면 그 사람은 문제가 있다	1—2—3—4—5—6
28	열심히 일하다보면 돈은 저절로 따라온다	1—2—3—4—5—6
29	학위나 자격증보다 실무경력이 더 중요하다	1—2—3—4—5—6
30	하고 싶은 일만 하면서 성공한 사람은 별로 없다	1—2—3—4—5—6
31	연봉은 내 능력의 가치이자 성공의 지표이다	1—2—3—4—5—6
32	특별한 기술이나 자격을 가진 사람이 전직, 이직, 혹은 창업을 더 잘한다	1—2—3—4—5—6
33	내가 재미있고 원하는 일이면, 보수가 얼마이건 상관없이 일한다	1—2—3—4—5—6
34	좋아하는 일을 할 수 있다면, 보수 없이 최소 1년은 일할 수 있다	1—2—3—4—5—6
35	아무리 재미있고 성취감을 느끼는 일이라도 그에 상응하는 보수나 인정을 받지 못하면 아무런 소용없다	1—2—3—4—5—6
36	"일찍 일어나는 새가 먹이를 잡는다"는 속담은 정말 맞다	1—2—3—4—5—6
37	주변 사람(예: 가족, 친지, 친구)이 뭐라고 해도 내가 원하는 일이라면 기어이 하고야 만다	1—2—3—4—5—6
38	20대에 진로를 잘못 선택하게 되면, 40대 이후에는 돌이킬 수 없게 된다	1—2—3—4—5—6
39	다음 직업이 정해지지 않은 상태에서 대책 없이 직장을 그만둘 수 없다	1—2—3—4—5—6
40	일은 돈버는 수단이 아니라 자기 성장의 과정이다	1—2—3—4—5—6
41	시행착오를 통해 경력을 개발하려는 것은 어리석다	1—2—3—4—5—6
42	남과 다른 독특한 경험을 할 수 있다면, 보수나 직위는 문제가 되지 않는다	1—2—3—4—5—6
43	직장을 자주 옮길 수 있지만, 직종은 한 가지로 고수한다	1—2—3—4—5—6
44	나만의 가치를 높일 수 있다면, 언제든 이직할 수 있다	1—2—3—4—5—6
45	경력전환에 성공하려면 사회변화와 흐름을 잘 파악하는 것이 가장 중요하다	1—2—3—4—5—6

	설문 항목	전혀 그렇지 않다 　　　매우 그렇다
46	현재 직장의 요구에 최선을 다하는 것이 평생직장을 확보하는 지름길이다	1—2—3—4—5—6
47	사회에서 인정하는 뜨는 직업에 종사하는 것이 성공하는 지름길이다	1—2—3—4—5—6
48	비즈니스 이벤트 행사나 각종 모임에 적극적으로 자신을 소개한다	1—2—3—4—5—6
49	이력서만으로도 그 사람이 얼마나 유능한지 알 수 있다	1—2—3—4—5—6

148

	설문 항목	전혀 그렇지 않다 매우 그렇다
1	나는 사이버 공간(인터넷)에서 자신을 다양하게 표현할 수 있다	1—2—3—4—5—6
2	우리 가족이 경제적으로 풍요롭게 사는 것이 중요하다	1—2—3—4—5—6
3	돈은 즐기기 위해서 필요하다	1—2—3—4—5—6
4	자기 계발은 삶의 목표이다	1—2—3—4—5—6
5	디지털 매체를 통해 정보를 전달하는 방식에 익숙하다 (예: 휴대폰, 컴퓨터 등)	1—2—3—4—5—6
6	가족 내의 문제는 가장이 해결한다	1—2—3—4—5—6
7	시대에 뒤떨어졌다고 생각하지만, 그래도 아들이 좋다	1—2—3—4—5—6
8	돈은 자식의 미래를 위해 쓸 때 가치가 있다	1—2—3—4—5—6
9	재미있게 사는 것이 내 인생에서 무엇보다 중요하다	1—2—3—4—5—6
10	대부분의 경우 나를 믿지 남을 좀처럼 믿지 않는다	1—2—3—4—5—6
11	딸이든 아들이든 구별 없이 잘 키우면 된다	1—2—3—4—5—6
12	돈은 자기가 원하는 것을 위해 쓸 때 가치가 있다	1—2—3—4—5—6
13	자식들이 잘 살 수 있도록 해 주는 것이 삶의 목표이다	1—2—3—4—5—6
14	가끔은 내 일만 한다	1—2—3—4—5—6
15	능력과 학력이 같다면 남녀가 동등한 대우를 받아야 한다	1—2—3—4—5—6
16	가문을 이을 아이는 반드시 아들이어야 한다	1—2—3—4—5—6
17	인간관계의 상하서열은 사회의 기본원리로서 중요하다	1—2—3—4—5—6
18	남과는 다른 나만의 개성이 나에게는 매우 중요하다	1—2—3—4—5—6
19	시대가 변해도 전통적인 가르침은 변함없이 지켜져야 한다	1—2—3—4—5—6
20	이기는게 최선이다	1—2—3—4—5—6
21	일이나 공부에 있어서 나는 남들보다 잘해야 한다	1—2—3—4—5—6
22	자신이 속한 집단(조직)이 내린 결정을 따라야 한다	1—2—3—4—5—6
23	나이 든 어른들에게서 본받을 점이 많다	1—2—3—4—5—6
24	결혼을 하지 않더라도 얼마든지 남녀가 함께 생활할 수 있다	1—2—3—4—5—6
25	성공의 척도는 물질적으로 풍요한 정도이다	1—2—3—4—5—6

	설문 항목	전혀 그렇지 않다 매우 그렇다
26	경쟁하는 것은 당연하다	1—2—3—4—5—6
27	나는 사람들에게 인기 있는 직업이 좋다	1—2—3—4—5—6
28	결혼할 나이가 되면 당연히 결혼해야 한다	1—2—3—4—5—6
29	우리와 다른 이념을 가진 국가는 경계해야 한다(예: 사회주의, 공산주의)	1—2—3—4—5—6
30	"어른들의 말을 들으면 자다가도 떡이 생긴다"는 옛말은 옳다	1—2—3—4—5—6
31	나보다 뛰어난 사람을 보면 괜히 긴장되고 신경이 쓰인다	1—2—3—4—5—6
32	남의 눈을 의식하지 않고 나만의 개성을 마음껏 발휘한다	1—2—3—4—5—6
33	일단 결혼한 후에는 무슨 일이 생겨도 참고 살아야 한다	1—2—3—4—5—6
34	연장자에게 무조건 순종해야 한다	1—2—3—4—5—6
35	나는 외국 문화에 관심을 가지고 빨리 수용한다	1—2—3—4—5—6
36	나는 무엇보다 사회적으로 인정받는 직업이 좋다	1—2—3—4—5—6
37	미국은 자국의 이익을 위해 때로는 다른 나라에 피해를 주기도 한다	1—2—3—4—5—6
38	주변사람이 상이나 칭찬을 받으면 나까지 왠지 자랑스럽다	1—2—3—4—5—6
39	정치나 사회문제에 관심이 많고 비판적이다	1—2—3—4—5—6
40	주변사람이 잘되는 건 내게 중요한 일이다	1—2—3—4—5—6
41	나는 사람들을 만나는 게 좋다	1—2—3—4—5—6
42	나는 사람들과 함께 일하는 게 좋다	1—2—3—4—5—6
43	나는 여가보다는 일이 더 중요하다	1—2—3—4—5—6
44	사회적으로 성공하기 위해서는 배경이나 연줄이 중요하다	1—2—3—4—5—6
45	남자는 대의를 위해 일해야 하므로 가사 일에 신경 쓸 필요가 없다	1—2—3—4—5—6
46	가정에서 남편은 생계를, 아내는 양육을 책임져야 한다	1—2—3—4—5—6
47	뉴스나 다큐멘터리보다 연예 프로그램을 즐겨본다	1—2—3—4—5—6
48	나는 일본의 문화와 유행에 관심이 많고 개방적이다	1—2—3—4—5—6
49	내가 힘들더라도 가족을 위해서라면 희생할 수 있다	1—2—3—4—5—6
50	자식은 부모를 모시고 사는게 당연하다	1—2—3—4—5—6

	설문 항목	전혀 그렇지 않다
51	사회적으로 성공하기 위해서 대학 이상 고등교육은 꼭 필요하다	1—2—3—4—5—6
52	가정에서 남편과 아내가 가사 일을 분담해야 한다	1—2—3—4—5—6
53	일본은 왠지 싫다	1—2—3—4—5—6
54	가족은 무슨 일이 있어도 똘똘 뭉쳐야 한다	1—2—3—4—5—6
55	정치나 사회문제에 별로 관심 없다	1—2—3—4—5—6

※ 다음 문항들은 지난 몇 달 동안 삶에 대해서 스스로 어떻게 느끼셨는지를 묻는 것입니다. 당신의 삶을 나타내는 각 낱말에 대해서, 당신이 느꼈던 느낌 정도에 따라 해당 위치에 표시해주시기 바랍니다.

당신은 지난 몇 달 동안 어떻게 느끼셨습니까?

1	지루한	1	2	3	4	5	6	재미있는
2	비참한	1	2	3	4	5	6	즐거운
3	쓸모없는	1	2	3	4	5	6	가치 있는
4	외로운	1	2	3	4	5	6	우호적인
5	텅 빈	1	2	3	4	5	6	가득 찬
6	비관적인	1	2	3	4	5	6	희망적인
7	실망스런	1	2	3	4	5	6	보람 있는
8	운이 없는	1	2	3	4	5	6	행운이 따르는

모든 점을 고려해 볼 때, 당신은 자신의 생활에 어느 정도 만족하십니까?

9	전혀 만족스럽지 않다	1	2	3	4	5	6	아주 만족한다

※ 평소에 느끼시던 바에 따라서, "매우 그렇다"의 경우 6점, "전혀 그렇지 않다"의 경우 1점으로 답변해주시기 바랍니다.

	설문 항목	전혀 그렇지 않다 매우 그렇다
1	나는 가끔씩 지금의 직장을 그만두고 싶다는 생각을 한다	1—2—3—4—5—6
2	나는 옮길 수만 있다면 다른 회사에서 일하고 싶다	1—2—3—4—5—6
3	보다 나은 조건의 타 직종이 주어진다면, 언제든 이직할 의사가 있다	1—2—3—4—5—6
4	타 직종으로 이직을 생각하고 있으나 상황과 조건이 맞지 않아 실행하지 못하고 있다	1—2—3—4—5—6

※ 다음은 기본적인 인적정보입니다. 개인정보는 철저하게 비밀 보장되오니, 솔직
하게 응답해주시기 바랍니다.

1. 성별:
   ① 남자   ② 여자

2. 결혼여부:
   ① 기혼   ② 미혼

3. 연령:
   만 (   )세

4. 학력:
   ① 고졸   ② 전문대졸
   ③ 대졸   ④ 대학원졸

5. 직업:
   ① 전문직/전문기술직   ② 경영/관리/사무직
   ③ 판매/서비스직   ④ 생산/기능직
   ⑤ 자영업   대학원생   (⑥ 석사과정
   ⑦ 박사과정)   ⑧ 기타(   )

6. 현 직장의 종업원수:
   ① 30명 미만   ② 31 – 100명
   ③ 101 – 300명   ④ 301 – 500명
   ⑤ 501명 – 1,000명   ⑥ 1,000명 이상

7. 현재 직위:
   ① 사원   ② 대리
   ③ 과장   ④ 팀장(차장)
   ⑤ 부장급 이상   ⑥기타(   )

8. 총직장경력 (   )년 가운데 현재 직장근속 (   )년

9. 현재 연봉:
   ① 2,000만 원 미만   ② 2,000 – 2,500만 원
   ③ 2,500 – 3,000만 원   ④ 3,000 – 3,500만 원
   ⑤ 3,500 – 4,000만 원   ⑥ 4,000 – 4,500만 원
   ⑦ 4,500 – 5,000만 원   ⑧ 5,000만 원 이상

10. 이직경험이 있습니까? 만약 있다면, 횟수를 구체적으로 적어주십시오.
    ① 없다 (   ) → 10 – 1번 문제로
    ② 있다 (번) → 11번 문제로
    10-1. 귀하는 직업을 바꾸고 싶지만 그렇게 할 수 없다고 느끼십니까?
          ① 예 → 10 – 2번 문제로   ② 아니오
    10-2. 귀하의 직업생활에서 전직/이직을 어렵게 만드는 정도를 항목별로 표시해
          주십시오.

(1: 전혀 그렇지 않다－6: 매우 그렇다)

①	수입(소득)의 상실	1—2—3—4—5—6
②	새로운 것을 시도해보는 것에 대한 실패의 두려움	1—2—3—4—5—6
③	현 상황의 변화로 인해 벌어질 불확실함(안정성의 상실)	1—2—3—4—5—6
④	자신의 나이에 적당한 기회가 없음	1—2—3—4—5—6

11. 다음 중 귀하가 가장 활력이 넘칠 때는 언제입니까? (   )
　　① 집에 있을 때　　　　　② 일할 때
　　③ 회사일과 집안(개인)일의 균형을 맞출 때
　　④ 휴가를 갈 때

12. 현재 귀하를 신나게 혹은 열심히 일하게 만드는 가장 중요한 것은 무엇입니까? (   )
　　① 재정적 안정　　　　　② 성취감(창조성/의미추구)
　　③ 독립성(자율성)　　　④ 인정/명성
　　⑤ 친밀감(인간관계)

13. 다음 중 귀하가 일할 때 가장 받고 싶은 보상의 형태를 3가지만 골라서 1위부터 3위
　　까지 순위를 매겨주십시오.
　　　　　　　　1위(　　　)　　　　　2위(　　　)　　　　　3위(　　　)

> ① 실적포상금　　　　　② 퇴직금
> ③ 연공제　　　　　　　④ 연봉제
> ⑤ 성과배분제　　　　　⑥ 스톡옵션
> ⑦ 근속포상금　　　　　⑧ 정년보장
> ⑨ 복리후생(의료, 휴가경비, 연금지원)
> ⑩ 자녀양육지원(육아휴직)
> ⑪ 상사/동료의 인정과 지원 및 팀웍
> ⑫ 공식적 인정(상장, 메달)과 특권제공
> ⑬ 고객/헤드헌터의 인정
> ⑭ 교육기회(해외연수)
> ⑮ 고속승진
> ⑯ 원하는 부서로의 이동
> ⑰ 안식년
> ⑱ 포상휴가(여행)
> ⑲ 자율적 근무(재택근무, 변동시간근무)
> ⑳ 여가활동지원
> ㉑ 휴가일 자율선택
> ㉒ 정시출퇴근보장

14. 귀하의 직장생활에서 불만스런 정도를 항목별로 표시해주십시오.
    (1: 전혀 그렇지 않다-6: 매우 그렇다)

①	보수가 적정하지 못함	1—2—3—4—5—6
②	상관/동료로부터 인정받지 못하고 관계가 원만하지 않음	1—2—3—4—5—6
③	일이 지루하거나 하는 일에 대한 재량권과 책임감이 없음	1—2—3—4—5—6
④	근무조건(작업환경)이 나쁨	1—2—3—4—5—6
⑤	주어진 일을 만족스럽게 완수하지 못함	1—2—3—4—5—6

15. 만일 귀하가 다시 직장을 구한다면, 어떤 순위로 다음 사항을 고려할 것인지를 괄호
    안에 1위부터 4위까지의 순위를 매겨주십시오.
    (   )위   돈 걱정하지 않아도 될 만큼 충분한 보수를 받는 직장
    (   )위   회사폐쇄나 실직의 우려가 없는 안정된 직장
    (   )위   마음에 드는 사람과 같이 일할 수 있는 직장
    (   )위   성취감(보람)을 느낄 수 있는 일을 제공하는 직장

· 저자 ·

양진영　**· 약력**

연세대학교 심리학과를 졸업하고 같은 학교에서 박사학위를 받았다.
성인기 삶의 다양한 영역에서 일어나는 발달적 변화, 특히 성인기 경
력개발에 관심을 갖고연구해왔다. 연세대학교 등의 여러 대학과 대학
원에서 성인발달심리학, 협상심리학, 사회심리학 및 대인관계심리학
등을 강의해왔으며, 현재 HR 전문 컨설팅펌인 헤이그룹(HayGroup
Korea)에서 컨설턴트로 일하고 있다.

불안정고용시대의 경력개발 유형과
심리적 특성에 관한 연구

· 초판 인쇄	2005년 12월 30일
· 초판 발행	2005년 12월 30일
· 지 은 이	양진영
· 펴 낸 이	채종준
· 펴 낸 곳	한국학술정보㈜
	경기도 파주시 교하읍 문발리 526-2
	파주출판문화정보산업단지
	전화　031) 908-3181(대표)·팩스　031) 908-3189
	홈페이지　http://www.kstudy.com
	e-mail(e-Book사업부)　ebook@kstudy.com
· 등　　록	제일산-115호(2000. 6. 19)
· 가　　격	10,000원

ISBN　89-534-4309-1 93180 (Paper Book)
　　　　89-534-4310-5 38180 (e-Book)